Jacques PIMPANEAU

Lettre à une jeune fille qui voudrait partir en Chine

Éditions
Philippe Picquier

DU MÊME AUTEUR
AUX ÉDITIONS PHILIPPE PICQUIER

Anthologie de la littérature chinoise classique
Chine, mythes et dieux
Chine, culture et traditions
Chine, histoire de la littérature
Chine, littérature populaire
Dans un jardin de Chine
Célébration de l'ivresse

Mas de Vert
B.P. 150
13631 Arles cedex

En couverture : peinture de Qi Baishi, détail

Conception graphique : Picquier & Protière

ISBN : 287730-711-5
ISSN : 1251-6007

Chère Mademoiselle,

Si vous voulez vraiment aller en Chine, le moyen le meilleur marché est de prendre le train à la gare de l'Est [1] pour Berlin-Ouest. Il y a un train qui part à 16 h 44 et un autre à 23 h 12, quotidiennement, si mes renseignements sont justes.

De là, vous vous rendez par le métro à Berlin-Est, où vous achetez un billet pour Pékin. Ainsi vous profitez du tarif intérieur aux pays socialistes. Vous pourrez vous arrêter un jour à Varsovie, histoire de goûter à leur alcool, que vous trouverez aussi bien à Paris ; si vous en buvez assez, vous serez complètement ivre, vous louperez le train, mais pourquoi pas. A Moscou,

1. L'heure du train était exacte, mais le départ était de la gare du Nord et non de la gare de l'Est. Ces indications valaient du temps où ce texte a été écrit, quand il y avait le Mur de Berlin. Evidemment, maintenant il faut payer plein tarif d'un bout du trajet à l'autre ; cela fait partie des progrès après la chute des gouvernements communistes.

il faut changer de gare et le visa de transit vous laisse le loisir d'un arrêt de deux jours. Je vous signale la maison de Maïakovski, transformée en musée. J'y ai beaucoup aimé le collage qui illustre un poème où le poète se voit en balayeur dans un zoo, car alors la femme qu'il aime, en venant voir les animaux, peut-être lui jettera un regard.

Ensuite c'est le Transsibérien : de l'herbe, des pins, des bouleaux pendant six jours au moins, version sibérienne de métro, boulot, dodo. On longe le lac Baïkal pendant quelques heures : il y a de l'eau d'un côté de la voie ferrée. Dans les pays socialistes, il n'y a pas de classe, mais des places molles et des places dures. Prenez une place en dur, c'est moins cher ; laissez le matelas sur la banquette pendant la journée et vous aurez l'illusion d'être en mou. Un masque à gaz serait utile pour aller aux toilettes. Au wagon-restaurant, il y a vodka et caviar les premiers jours. Ensuite il ne reste que du bortsch, ce qui a l'avantage de vous en dégoûter pour le restant de vos jours.

Evidemment quand on prend le train, il ne faut pas se tromper de voie (pas seulement dans les voyages en train), car au lieu d'arriver à Pékin, vous risqueriez de vous retrouver à Venise, ce qui ne serait pas désagréable. Un Chinois voulait se rendre au royaume de Chu et se dirigeait vers le nord. Des passant lui dirent : « Vous faites

fausse route, le royaume de Chu est situé au sud.
— Aucune importance, rétorqua le voyageur, car j'ai de très bons chevaux et un excellent conducteur de char. »

Ou comme l'a écrit un bonze *chan* (zen en japonais) :

Qu'une route y conduise et toute route est bonne,
A quoi bon distinguer les quatre directions !
La brise ne s'occupe des rustres distinctions,
Partout sont aussi rouges les pêchers qui fleurissent.

Si vous préférez l'avion, peut-être aurez-vous un voisin séduisant et entreprenant qui relèvera l'accoudoir entre vous deux, et étendra la couverture sur vous. L'hôtesse de l'air et les insomniaques tout autour s'apercevront que vous êtes en train de faire l'amour, mais, rassurez-vous, ils seront bien plus gênés que vous. Ce ne sont pas des amants de passage dont il faut se méfier, mais des amis :

> Le philosophe Mo Zi, en se promenant, vit par hasard quelqu'un qui était en train de teindre de la soie. Les écheveaux de soie blanche, après avoir été laissés un moment dans une jarre de teinture verte, ressortaient comme de la soie verte ; et ceux qui étaient plongés dans la teinture jaune devenaient de la soie jaune. « De la soie blanche, soupira le philosophe, au contact d'une teinture

quelconque, adopte entièrement sa couleur. L'homme est également ainsi : au contact de gens bons, il se conduit en homme bon, et s'il est avec des gens mauvais, il est difficile de garantir qu'il ne deviendra pas mauvais à leur exemple. Dans ces conditions, comment peut-on ne pas choisir ses compagnons avec grand soin ! »

Enfin, vous pourriez aller en Chine à dos d'âne mais ceci n'est pas non plus sans présenter des problèmes : il faut nourrir ces bêtes.

Trêve de bêtise ! Si vous ne comprenez pas que ce que vous cherchez en Chine se trouve aussi bien à Chantilly ou à Florence, vous ne le trouverez pas en Chine non plus, car de toutes façons, tout ceci existe dans votre tête :

Tout le jour j'ai cherché le printemps sans le voir,
J'ai chaussé mes sandales et couru la région.
Au retour j'ai souri en sentant un prunus :
Le printemps sur la branche s'y trouvait au complet.

J'avais écrit une pièce avec accompagnement de gamelan et d'orgue de barbarie. L'on y voyait, outre Jésus-Christ faire de la balançoire et une bonne sœur s'entretenir avec un hérisson, la scène tirée du théâtre d'ombres indonésien dans laquelle Bima, après avoir vaincu les obstacles représentant les passions, rencontre un petit nain au fond de la mer :

« Salut, Bima, dit le petit nain.

— Comment connais-tu mon nom ? répondit Bima.

— Je connais ton nom, celui de ton père, et celui du père de ton père jusqu'au premier de tes ancêtres, qui n'est autre que moi.

— Je suis à la recherche, non pas du temps perdu, ni des connaissances, mais de la connaissance.

— Je suis la connaissance. Entre donc dans ma tête par mon oreille.

— Je ne voudrais vous vexer, mais avec ma taille, comment pourrais-je entrer dans votre oreille ?

— Si tu te laisses arrêter par des contingences pareilles, comment peux-tu espérer obtenir la connaissance ! (Et Bima entra dans l'oreille du petit nain comme s'il pénétrait dans une vaste grotte.) Où es-tu, Bima, et que vois-tu ?

— Je suis dans ta tête et je vois des losanges de couleurs.

— Ce sont les passions dont le dosage diffère en chacun de nous et constitue la personnalité. Où es-tu, Bima, et que vois-tu ?

— Je suis dans ta tête et je vois une petite poupée qui irradie de la lumière.

— C'est la vie, sans laquelle la connaissance n'existerait pas et qui n'existerait pas sans la connaissance. Où es-tu, Bima, et que vois-tu ?

— Je ne suis plus dans ta tête, mais dans ma tête.

— Maintenant il n'y a plus de différence entre toi et ton esprit. Tu es la marionnette qui a rejoint son ombre. Que vas-tu faire à présent que tu possèdes la connaissance ?

— Je vais vivre comme avant, car la connaissance n'est qu'une autre façon de regarder les choses. »

Des bonzes ont dit la même chose :

Depuis un an je suis tonsuré et en bure ;
Mais le karma me lie au vin et aux poèmes.
Voyant Maitreya dans le ciel s'amuser,
Je suis las de dormir dans les bras de la Loi.
Détendu, insouciant, je peux tromper les saints ;
Quand je baisse la tête, du Bouddha je n'ai cure.
L'univers est obscur, personne ne le comprend,
Autant se mêler aux folies de la ville.

Quand la raison est calme, tout aussi devient calme ;
Lorsque le cœur est vide, vide aussi est la Loi.
Pour chercher le mystère, il faut tout un regard,
Pour trouver le Bouddha, dédaignez les efforts.
Clair comme l'évidence est mon enseignement :
Dans la vie quotidienne, la majesté réside.

Je vous fais l'honneur de croire que vous n'allez pas en Chine comme ces touristes, troupeaux indécents traînés dans des campagnes napoléoniennes, de Hilton en musées, qui ennuyeront ensuite leurs amis à vouloir leur montrer leurs photos, qui auront fait la Chine et Bali, Bénarès et Borobudur comme ils font caca. Gogos débiles qui avalent les antiquités, bêlent d'admiration devant un pot de chambre parce qu'il est du IIIe siècle !

Plus c'est ancien, plus c'est beau

Un homme ayant obtenu un bois merveilleux, le tailla et en fit une cithare après y avoir adapté des cordes. Le son faisait penser à un écho de jade en réponse à un tintement d'or. Le considérant d'une beauté surnaturelle, il présenta cet instrument de musique au grand maître du temple ancestral du palais. Celui-ci le fit examiner par les musiciens de la cour, qui en le voyant dirent : « Il n'est pas ancien » et le rendirent.

Notre homme le plaça dans une boîte et l'enterra pendant un an après y avoir fait faire des entailles dans la laque et y avoir fait graver des traces de caractères anciens. Ensuite il l'apporta sur la place du marché. Un noble qui passait par là lui en offrit cent lingots d'or, puis il alla l'offrir au palais. Les musiciens officiels en le voyant s'écrièrent : « C'est un objet précieux d'une grande rareté ! »

Notre homme à cette nouvelle soupira : « Quelle tristesse ! Et si encore il n'en était ainsi que pour une seule cithare ! »

Si au lieu d'engraisser les compagnies de voyage, ces épileptiques du déplacement achetaient quelques livres, quelques bandes vidéo, ils n'auraient pas à travailler tant pour économiser le prix de ces vacances fatigantes, et ils en sauraient certainement plus sur un pays.

Arthur Waley, le grand traducteur de littérature chinoise en anglais, n'était jamais allé en Chine. Il y fut invité, mais il prétexta son âge et sa santé pour refuser alors qu'il allait encore faire du ski tous les hivers. Mais il savait qu'il s'était construit une image de la Chine que le contact avec la prétendue réalité détruirait et qu'ensuite il ne pourrait plus continuer à travailler. Voyagez, mais sachez voyager autour de votre chambre. Lisez des livres sur la Chine, des traductions d'œuvres chinoises, mais n'oubliez pas que les livres ne sont jamais que la lie des anciens, comme l'a dit le philosophe Zhuang Zi ; il devrait être interdit de lire Zhuang Zi avant trente ans, car dans la vie il faut avoir lu certains livres et c'est un ouvrage si merveilleux que tous les autres ensuite paraissent bien décevants. Il faut se méfier toujours des penseurs :

Transmis par le papier, le propos convient-il ?
Cette rengaine a pris une acuité nouvelle.
Mais rester à l'écoute des paroles des autres,
C'est oublier qu'elles sont trompeuses et meurtrières.

Pour chercher le secret, il faut tout un regard,
Les maîtres de jadis eurent beaucoup de chance.
Mais ne suivez jamais la parole des autres
Pour pouvoir à la fin voir votre propre cœur.
Quel lieu, quelle montagne n'est pas l'autel du Tao ?
Pourquoi aller saluer Manjusri en son temple ?
Viendrait-il sur les nuages, chevauchant son lion d'or,
Les yeux de la sagesse n'y verraient rien de faste.

Et dites-vous bien que si un auteur vous apporte quelque chose, il y a de grandes chances qu'il ne l'ait pas fait exprès :

Le sens de la lettre

Un soir, un fonctionnaire écrivait une lettre au premier ministre à la lumière d'une lampe. Comme il ne voyait pas bien, il dit à son serviteur : « Mets la lampe plus haut » et, par erreur, il écrivit cette phrase dans sa lettre.

Quand le premier ministre la lut, il alla trouver le roi : « Ce fonctionnaire me conseille de mettre la lampe plus haut, ceci signifie élever la lumière, c'est-à-dire donner une haute position aux sages. » Le roi suivit ce conseil et put ainsi bien gouverner son pays.

Bien gouverner est une chose, mais ceci n'avait rien à voir avec le sens de la lettre. Beaucoup de lettrés aujourd'hui sont comme ce premier ministre : même s'il en résulte un bienfait, leurs idées sont souvent basées sur des erreurs, qui n'ont aucun rapport avec la réalité.

Serait-ce la politique qui vous attire en Chine ? Sinistres illusions. Sans doute ignorez-vous que Mao a pris le pouvoir dans le parti en attirant dans une embuscade un certain nombre de ses petits camarades et que Zhou En-lai, pour débarrasser la Chine de la corruption, avait pris le nombre de gens qui mouraient dans chaque province en cas de catastrophe naturelle, avait divisé ce nombre par deux et avait donné l'ordre de fusiller sans dépasser ce nombre. Il y avait en Chine comme partout ailleurs une solide tradition dans le genre. Déjà dans l'antiquité, le roi de Song avait demandé à son ministre : « Je fais exécuter beaucoup de gens et pourtant mes vassaux n'ont pas peur de moi. Comment expliquez-vous cela ?

— Tous ceux que vous condamnez à mort, répondit le ministre, ont commis des crimes. Si vous voulez imposer la crainte, il faut mettre à mort les gens sans vous soucier s'ils sont innocents ou coupables. » Peu après, le roi fit donc exécuter son ministre.

Les trouvez-vous séduisants les Mao-Spontex, simples naïfs même s'ils sont plutôt sympathiques ; les idéologues toujours prêts à donner des leçons et à traiter de fascistes ou de réactionnaires ceux qui ne peuvent s'empêcher de voir que le roi est tout nu ; les sinologues dits de gauche qui n'oublient jamais de caresser le cul du cheval, comme on dit en chinois, pour être du bon côté quoi qu'il arrive ; les nostalgiques du stalinisme qui rêvent du grand timonier pour justifier leurs saloperies de frustrés ?

Tous les hommes politiques, quels qu'ils soient, sont des gangsters. Lisez un livre sur les yakuzas, la mafia japonaise : à part les aspects pittoresques, tatouages et phalanges coupées, ce sont exactement les méthodes de tous les Etats ; c'est un document qui en apprend au moins autant sur les mécanismes du pouvoir en général que sur une société de malfrats. Il n'y a pas plus de bons politiciens qu'il n'y a de bons flics ou de bons gardiens de prison ; et tous les enseignants sont des éducato-castreurs ; croyez-moi, je suis payé chaque mois pour le savoir. Le système est plus fort que la bonne volonté des individus. Il n'y a que les magouilleurs véreux pour croire à la politique, et les naïfs invétérés pour penser que les rivalités de partis ont plus d'intérêt que de savoir si c'est Radis rose ou Rose de mai qui va gagner dans la troisième course à Longchamp. Les gogos des journaux feraient bien de réfléchir sur cette histoire qui s'est passée en Chine au IIIe siècle :

Cao Cao avait l'habitude de dire qu'il éprouvait un pressentiment quand il était menacé d'être assassiné. Aussi enjoignit-il à l'un de ses subordonnés qu'il connaissait bien : « Cache un poignard sur toi et approche-toi de moi à la dérobée. Je dirai que je ressens un pressentiment, te ferai fouiller, arrêter et punir. Mais ne révèle surtout pas que c'est moi qui t'ai demandé de faire cela, et ne t'inquiète pas, il ne se passera rien ; au contraire, je te récompenserai avec largesse. »

Quand l'homme fut arrêté, il avait toute confiance, sûr qu'il n'avait rien à craindre ; et il fut décapité. Jusqu'au dernier moment, il ne se rendit pas compte de ce qui lui arrivait. Les subordonnés de Cao Cao crurent à la tentative d'assassinat et ceux qui complotaient une rébellion préférèrent dès lors penser à autre chose.

J'ai vu l'autre jour une affiche qui m'a bien plu ; il y était écrit : « La dictature, c'est tais-toi ; la démocratie, c'est cause toujours. » Ceci dit, il ne faut pas trop dire de bêtises car, comme disait Confucius, la tyrannie est pire que tout :

Confucius était en route avec ses disciples quand ils aperçurent une femme éplorée devant une tombe. Confucius envoya un disciple l'interroger.

« Mon beau-père a été tué par un tigre, qui a ensuite dévoré mon mari, puis mon fils, lui répondit la femme.

— Pourquoi n'avez-vous pas quitté la région ? demanda le disciple.

— Le gouvernement n'y est pas tyrannique, répliqua la femme.

— Vous voyez, mes disciples, commenta Confucius, un gouvernement tyrannique est plus terrible qu'un tigre. »

Intéressez-vous à la Chine, ce n'est pas moi qui vous dirai le contraire, mais rappelez-vous que si cette culture est fascinante, c'est pour la sagesse qu'elle a élaborée. Ses penseurs savaient qu'une anecdote est plus probante que la logique close d'un discours et je souhaite que les histoires que je vais vous rapporter vous aident à vous servir de votre intelligence pour mieux vivre, car sinon à quoi bon être intelligent !

Un de mes amis a une culture orientale inégalée bien qu'il ne lise que le français et, mobilisé au moment de la guerre, n'a emporté avec lui qu'un livre, *Sextus Empiricus*. Il est plus proche des Chinois que tous les spécialistes, d'abord par le scepticisme, sans quoi on est sûr de se faire avoir, par les curés, les flatteurs, les superstitions, sans oublier nos émotions. Aussi permettez-moi de vous transcrire ces quelques anecdotes décapantes :

Les sceptiques

Une femme dormait sur le même lit de briques que sa belle-mère quand, à cause d'une grande pluie, le mur commença à s'effondrer. Entendant le bruit, elle retint le mur avec son dos et cria pour réveiller sa belle-mère ; celle-ci se glissa au bas du lit, mais la jeune femme mourut écrasée par les pierres à l'endroit même où s'était couchée sa belle-mère.

Comme celle-ci se lamentait en pleurant sur cette tragédie, des voisins lui dirent : « Cette nuit, j'ai vu en rêve votre belle-fille revêtue d'habits princiers ; elle m'a dit que vous ne deviez plus la pleurer car, pour être morte à votre place, elle est devenue une déesse. » Les vieux du village dirent avoir fait le même rêve. Mais il y en eut pour douter : « Si elle était vraiment devenue une déesse, ne serait-elle pas venue elle-même en informer en rêve sa belle-mère ? C'est là une histoire inventée par les voisins pour consoler la vieille femme. »

Impossible de le savoir

Une jeune femme, apprenant que sa mère était tombée gravement malade, partit affolée sans même attendre son mari. Il faisait déjà nuit et la lune était cachée. Elle s'aperçut qu'un homme la poursuivait, qui n'avait pas de bonnes intentions, et dans la campagne déserte, il n'était pas question d'appeler au secours. Elle alla se cacher près d'un tombeau sous un peuplier, elle enleva ses bijoux, attacha son écharpe autour du cou, défit ses cheveux, tira la langue et attendit, les yeux fixes et grands ouverts.

Quand l'homme s'approcha, il vit que c'était le fantôme d'une pendue, il ne put s'en remettre. Le lendemain on parlait dans le voisinage d'un jeune homme qui avait rencontré un fantôme et qui, toujours possédé, tenait des propos incohérents. La médecine resta sans effet.

Est-ce que, profitant de sa peur, un esprit malfaisant s'était emparé de lui ? Impossible de le savoir. N'étaient-ce que des illusions créées par son esprit ? Impossible de le savoir. Etait-ce un esprit éclairé qui, pour le punir, s'était emparé de son âme ? Impossible de le savoir.

Les motifs de l'appréciation

Zou Ji était très grand et très beau. Ayant revêtu ses habits de cour, il se regarda dans un miroir et demanda à sa femme s'il était plus beau que le duc de Xu.

« Vous êtes très beau, comment le duc pourrait-il vous égaler ? » Ce duc était célèbre pour sa beauté. Zou Ji ne la crut pas et posa la même question à l'une de ses concubines. « Comment le duc pourrait-il se comparer à vous ? » répondit la concubine. Le lendemain, il interrogea ses amis qui lui rétorquèrent que le duc était loin d'être aussi beau que lui.

Quand il vit le duc, Zou Ji le regarda de près et comprit qu'il ne le valait pas. Un regard sur le miroir le convainquit qu'il s'en fallait même de beaucoup. « Ma femme me trouve beau, songea Zou Ji en se couchant, parce qu'elle m'aime ; ma concubine me trouve beau parce qu'elle me craint ; et mes amis, parce qu'ils attendent quelque chose de moi. »

La vérité des émotions

Un homme qui était né au pays de Yan mais qui avait vécu presque toute sa vie dans celui de Chu décida, devenu vieux, de retourner dans sa province natale.

Tandis qu'il traversait une autre région, quelqu'un qui l'accompagnait le trompa pour plaisanter : « Voici votre ville natale. » Notre homme changea de couleur et se sentit très ému. « Voici le dieu du sol de votre terre natale. » Notre homme poussa de longs soupirs. « Voici votre maison familiale. » Notre homme versa des larmes. « Voici les tombeaux de vos ancêtres. » Notre homme ne put retenir ses sanglots. Alors son compagnon éclata de rire et lui révéla sa supercherie. Notre homme en fut confus et quand il arriva dans sa vraie ville natale, son émotion en fut tout émoussée.

Il faut accepter de savoir qu'il y a des choses que nous ne saurons jamais. Par exemple, êtes-vous une jeune femme ou une renarde qui aurait pris forme humaine ? Que vous soyez l'une ou l'autre, je dois d'ailleurs vous avouer que cela m'est égal puisque pour un vieux monsieur cela ne fait pas de différence :

Ruse féminine

Un lettré venu à la capitale pour se présenter aux examens impériaux aperçut une jolie fille sur le pas de sa porte. Son désir fut tel qu'il demanda à une entremetteuse d'intervenir et versa trois cents lingots d'or pour pouvoir la prendre comme concubine. Il alla habiter chez elle pour son plus grand plaisir.

Après la période des examens, quand il put sortir du bâtiment où les candidats devaient rester en cellule, il revint chez elle : les fenêtres étaient percées, la poussière s'amoncelait, il n'y avait plus personne et on aurait dit une habitation abandonnée depuis très longtemps. Il s'enquit auprès des voisins.

« Cette maison, lui fut-il répondu, était vide depuis des années ; elle n'a été occupée que récemment pendant un peu plus d'un mois, puis la personne l'a quittée sans qu'on sache où elle est partie.

— C'était une renarde qui avait pris la forme d'une jolie jeune fille pour séduire des humains et se nourrir de leur énergie vitale. Ce n'est pas la première fois que cela arrive, précisèrent certains.

— Mais non, cette fille devait servir d'appât pour voler les hommes, rétorquèrent d'autres. Elle s'est enfuie au loin après avoir seulement fait semblant d'être une renarde qui hanterait cette vieille maison. »

En tout cas, si elle était une renarde qui a fait semblant d'être une femme, avouez qu'elle était maligne ; et que, si elle était une femme qui sut faire croire qu'elle était renarde, elle était plus maligne encore.

Ce que j'aime chez les Chinois, c'est que leurs désirs ne leur font pas peur car nous sommes comme cette jeune fille qui voulait tout avoir :

La fille et ses désirs

Des parents qui avaient une fille unique très jolie voulurent la marier. A l'est de leur maisonnée, vivait un garçon très riche et très laid, et à l'ouest, un jeune lettré très pauvre, mais très beau, qui n'avait pour fortune que les quatre murs de sa maison. Les deux jeunes gens voulaient épouser la jeune fille. Les parents ne savaient lequel choisir et décidèrent de consulter leur fille.

Celle-ci prit un air gêné et ne répondit pas. Son père pensa qu'elle était trop timide pour dire ouvertement lequel elle préférait, et il lui demanda de lever la main gauche si elle voulait l'homme riche et la main droite si elle aimait mieux le lettré pauvre. La jeune fille leva aussitôt les deux mains.

Interloqué, son père lui demanda ce que cela signifiait. « Comme celui qui vit à l'est est riche et laid, répondit-elle, et celui qui habite à l'ouest est beau et pauvre, je voudrais être l'épouse du premier quand je mange, et celle du second quand je vais au lit. »

Arriver au-delà des désirs, au-delà des émotions est évidemment la libération qu'espèrent les bonzes :

Le sage et les émotions

Tandis que le bonze Sengyi vivait au monastère Waguan, Wang Xiu vint s'entretenir avec lui et demanda au bonze de proposer un sujet de discussion.

« Est-ce que le sage ressent des émotions ? suggéra le bonze.

— Absolument pas, répondit Wang Xiu.

— Est-il alors comme un pilier ? demanda le bonze.

— Il est comme un boulier pour calculer, rétorqua Wang Xiu. Bien que celui-ci n'ait pas d'émotions, celui qui s'en sert en a.

— Alors qui se sert du sage ? » dit le bonze, à quoi Wang Xiu ne sut rien répondre et partit.

Si j'avais été Wang Xiu, j'aurais répondu par le poème suivant d'un bonze, car celui qui est détaché de tout est comme un champ délaissé, dont tout le monde peut se servir, et le champ s'en moque :

Personne ne le laboure, personne ne le désherbe.
Jamais on n'y entend que résonne l'araire.
Chaque année revient l'espoir d'une moisson :
Du vent pour la moitié et des nuages quant au reste.

Ce détachement ne signifie pas l'ascèse de ceux qui se forcent à ne plus boire, par exemple. Ji Gong, le bonze fou, était un fameux ivrogne et plus proche du Bouddha que ceux qui voulaient suivre ses règles ; simplement il buvait sans être prisonnier de ses désirs, qu'il connaissait trop bien.

L'enseigne de l'auberge encadre le bout du pont,
Volent les chatons de saule, l'eau est à ras de digue.
Une bonne rasade du vieux vin de l'erreur
Et du tombeau de l'ivresse, je ne veux revenir.

Li Ling savait que les dieux n'avaient que faire de ceux qui se constipaient les intestins des désirs :

Le serment de l'ivrogne

Un jour où Li Ling avait la gueule de bois et avait très soif, il demanda à sa femme de lui apporter du vin. Celle-ci versa par terre tout le vin, brisa le pot et la tasse et le supplia, les larmes aux yeux :

« Tu bois beaucoup trop ; tu mets ta vie en danger ; tu dois t'arrêter.

— Très bonne idée, répondit Li Ling. Mais je ne peux pas le faire tout seul. Ce n'est possible que si je fais le serment d'être sobre devant les esprits et les dieux. Prépare donc du vin et de la viande pour que j'en fasse offrande aux divinités en les priant.

— D'accord », dit sa femme ; elle disposa vin et viande devant l'autel et demanda à Li Ling de prier et de prêter serment. Celui-ci s'agenouilla et pria :

Ciel, tu as donné naissance à Li Ling
Et tu l'as placé sous le signe du vin.
D'une seule gorgée, il descend un pichet
Et ajoute cinq louchées pour se remettre.
Quant aux plaintes de sa femme,
Prends soin de ne pas les écouter.

Il but tout le vin, mangea la viande et avant même de s'en rendre compte, il était de nouveau saoul.

Car si les dieux ne sont que la peur des dieux, mieux vaut abattre ces idoles :

Mon bâton de rotin que je tiens bien en main
Ne possède un cheveu de tendre compassion ;
Si j'en frappe les dieux, les démons et les sages,
Alors se manifeste le regard de diamant.

Parmi les personnages chinois les plus attirants, figurent ceux qu'on appelle *feng-liu.* Ce terme a subi la même évolution que le mot « libertin » en français. Au début il s'agissait de gens épris de liberté, qui ne se souciaient pas des convenances, qui rejetaient les idées toutes faites, étaient indifférents à l'opinion des autres, mais qui avaient un sens raffiné et esthétique de la vie ; et c'est seulement plus tard que, comme en français, la liberté d'esprit s'est restreinte à la liberté de courir après les dames. Mais Ruan Ji appartenait à cette époque ancienne où la liberté ne signifiait pas être prisonnier de désirs sexuels !

Les convenances

Le poète Ruan Ji avait comme voisine une femme très jolie qui travaillait comme serveuse dans un débit de boissons. Ruan Ji y allait souvent boire du vin et, une fois ivre, il se couchait à côté d'elle. Son mari, au début, en éprouvait du soupçon, mais après l'avoir bien observé, il cessa d'y penser.

Quand Ruan Ji perdit sa mère, Pei Kai alla lui rendre une visite de condoléances. Il le trouva, ivre, assis les jambes écartées, les cheveux en broussaille. Ruan Ji ne pleurait pas et ne prêta aucune attention à son visiteur. En entrant Pei Kai disposa une natte pour lui-même, versa des larmes et lui adressa ses condoléances, puis partit sans montrer aucune désapprobation. « Quand quelqu'un vient présenter ses condoléances, lui fit-on remarquer, ce sont les membres de la famille qui pleurent et le visiteur se contente de quelques mots de consolation. Puisque Ruan Ji ne pleurait pas, pourquoi est-ce vous qui l'avez fait ?

— Ruan Ji est quelqu'un qui se situe au-delà des normes ordinaires et qui ne respecte pas les règles des convenances. Des gens comme vous et moi, nous nous enfermons dans les convenances, nous nous conformons aux entraves des bienséances. »

Les contemporains admirèrent la façon dont ces deux hommes avaient trouvé leur équilibre, s'étaient délivrés des préjugés et avaient su ainsi se protéger.

Les saints aussi connaissent cette liberté :

Dans le monde je suis oisif,
Pour les hommes un bonze rustre.
Qu'ils se rient de moi à loisir,
Partout je bondis librement.

Un bol de perdition que je lève en ma main
Laisse apparaître ma vie de libertin.
La vieille ne comprend pas les intentions d'un bonze
Et demande au voisin : que fait-il dans la vie ?

Les deux bonzes qui ont écrit ces poèmes auraient sans doute répondu comme Saint Benoît-Joseph Labre à qui Klossowski prête cette admirable réplique : « Si l'on avait demandé à Saint Benoît-Joseph Labre ce qu'il pensait de son contemporain le marquis de Sade, il aurait répondu : Sade, mon prochain. »

Ne croyez surtout pas que mon intention soit de vous suggérer d'entrer dans les ordres, chrétiens ou bouddhiques. Je n'ai que mépris pour les curés et les dévots des gourous. J'espère au contraire que vous réussirez dans la vie à faire ce qui vous plaît, mais un superbe détachement est nécessaire pour réussir, même dans les courses de chevaux, et peut-être la petite anecdote qui suit vous permettra-t-elle de parier au PMU à bon escient :

Comment gagner aux courses

Le souverain du royaume de Zhao avait appris à conduire les chars avec un maître. Ensuite, par trois fois, il fit la course avec lui ; chaque fois il changea de cheval et, par trois fois, il arriva derrière son maître.

« Vous ne m'avez pas tout appris, dit le souverain.

— Si, répondit le maître, vous connaissez toute la technique, mais vous ne savez pas vous en servir. Ce qui est important, c'est que le cheval se sente à l'aise et que vous soyez en harmonie avec lui ; ainsi il pourra aller vite et loin. Vous, au contraire, vous concentrez votre attention pendant la course sur moi : si vous êtes en tête, vous avez peur que je vous rattrape, et si vous êtes derrière, vous ne pensez qu'à me dépasser ; vous en oubliez d'être en harmonie avec votre cheval, vous ne pensez qu'à arriver le premier, voilà pourquoi vous ne pouvez pas gagner. »

Sachez vous débarrasser de vos intentions de réussite, et la réussite vous sera donnée en prime :

Le ruisseau de montagne coule sans intention
Le nuage dans la grotte pénètre sans idée.
Que soit la vie humaine comme nuage et comme eau
Et des arbres de fer fleuriront au printemps.

Alors vous serez comme les abeilles :

De leur dard elles sucent le parfum des pistils,
Mais leur satisfaction vient d'au-delà des fleurs.
Le trou franchi où passe la route de la vie,
On parcourt sans limite un envol sans entrave.

Wang Huizhui était quelqu'un qui justement savait s'abandonner à ses désirs sans en être l'esclave :

Désir éphémère

Tandis que Wang Huizhui vivait à Shangyin, une nuit, il neigea fortement. Se réveillant, il ouvrit la fenêtre, demanda du vin et but pour fêter la blancheur qui l'entourait. Puis il se leva, arpenta la pièce en récitant le poème *Appel à un ermite*. Il se souvint alors tout à coup d'un ami qui vivait assez loin de là. Sous l'impulsion du moment, il partit en bateau dans la nuit pour aller lui rendre visite. La nuit se termina avant qu'il n'arrive.

Quand il atteignit la porte de son ami, il s'en retourna sans entrer le voir. A ceux qui lui demandaient pourquoi, il répondit : « J'y étais allé poussé par un désir impulsif, celui-ci ayant passé, je suis revenu. Pourquoi aurais-je dû encore voir mon ami ? »

Au fond, que va-t-on chercher en Chine, ou ailleurs ? La réalité, car on ne sait plus ce qui est réel, ce qui est vrai, on est angoissé, déboussolé. Alors vous pouvez faire le même pari que Pascal, mais les chrétiens ne savent plus que donner à leur dieu un visage de rat, et peut-être songez-vous à partir en Chine trouver une réponse dans un monastère bouddhique ou un ermitage taoïste :

Les formes et couleurs sont vulgaire poussière
Sans forme ni couleur, il n'est rien de réel.
Affranchis des limites du ciel et de la terre,
Oisifs, comptons les coups qui scandent la prière.

Mais, comme les remèdes miracles, ça ne marche qu'au début. Il faut d'abord s'affranchir des faux problèmes si vous voulez qu'ils ne reviennent pas perpétuellement vous assaillir et vous sauter au visage comme un chat en colère acculé dans un coin.

Le tas bien balayé des ordures passées,
La poussière à nouveau couvre toute la terre.
Le balai ordinaire maintenant rejeté,
Voici que sur le manche fleurit l'hypoménée.

Il est en effet inutile de s'entêter à balayer une poussière qui revient : encore une fois, il faut simplement admettre qu'il y a des choses qu'on ne connaîtra jamais, et vivre très bien ainsi. Est-ce que vous connaîtrez jamais d'où viennent les nuages qui passent au-dessus de votre tête ? Est-ce que vous verrez jamais la forme du vent ?

La clarté du printemps ne se laisse saisir
Elle vit dans l'instant, dispersé dans les saules
Le visage du vent m'est caché, je ne vois
Que du rouge fané parti au fil de l'eau.

En l'honneur des nuages
Il en suffit d'un peu comme un écran ténu
Pour submerger le vide et le rendre obstiné
Passant inaperçu avant de s'élever
Leur début est caché avant qu'ils n'apparaissent.

Vous aurez beau téléphoner au docteur Freud ou aller voir votre voyante, vous ne comprendrez jamais vos rêves parce qu'il n'y a rien d'autre à comprendre que ce qu'en disait un penseur contemporain : « La seule chose qui m'intéresse dans les rêves, c'est cette propriété de l'esprit humain de transformer des impressions physiques en une histoire. »

Les enchaînements des rêves

Quand Wei Jie était jeune, il interrogea Yue Guang sur le rêve.

« Ce sont des pensées, répondit Yue Guang.

— Mais puisque les rêves apparaissent quand le corps et l'esprit ne sont plus en contact, comment peuvent-ils être des pensées ? demanda Wei Jie.

— Ils sont le résultat d'enchaînements, rétorqua Yue Guang. Personne n'a jamais rêvé d'entrer dans un trou de souris en char ou de manger un bâton de fer réduit en poudre parce que, dans les deux cas, il n'y a jamais eu de telles pensées ou de tels enchaînements. »

Wei Jie réfléchit pendant des jours à ce que signifiait le mot « enchaînement » sans parvenir à en comprendre le sens et finalement il en tomba malade. Yue Guang, en l'apprenant, fit avancer son char, alla lui rendre visite et lui expliqua en long et en large ce qu'on entend par « enchaînements ». Wei Jie aussitôt alla mieux. « Ce jeune homme n'aura jamais de maladie incurable », commenta Yue Guang avec un soupir.

Alors laissez vos rêves tranquilles.

Ayant longtemps dormi dans le sein de l'obscur,
L'esprit partait en rêve, toujours vers d'autres rêves.
Tandis que ma personne demeurait sans bouger,
Mille vues dans le vide pour moi se déployaient.
Dans l'automne trompeur apparaissent des lois,
En fait n'est là personne ; soudain voici quelqu'un.
Très loin au fond de moi réside la conscience ;
Les rêves dispersés, je vois le vrai du ciel.

Mais que cela ne vous empêche pas de rêver et prenez aussi vos rêves au sérieux : un homme vit en rêve ce qui allait devenir le Mont-Saint-Michel ; il alla quêter l'argent nécessaire et construisit l'abbaye, qui est donc le résultat d'un rêve, comme le sont les grandes histoires d'amour. Mais de nos jours, ce même évêque se serait dit qu'il digérait mal le dîner de la veille et serait allé avaler un Alka-Seltzer. Pire encore : il ne serait même plus capable de rêver le Mont-Saint-Michel. Et dire que le Mont-Saint-Michel n'est plus qu'un lieu touristique, le deuxième de France, après l'ennuyeux château de Versailles !

Il ne faut pas courir après les connaissances qui n'ont qu'un intérêt pratique, ni chercher la connaissance ailleurs, car si vous n'avez pas compris qu'elle est au coin de la rue ou au bord du Lubéron, vous ne la trouverez pas en Chine ou en Inde.

Le fond du seau ôté, la terre paraît large,
La racine de vie coupée, l'eau s'éclaircit.
Qu'un peu de brasero de neige rougeoyante
S'épande chez les hommes, illumine la nuit !

Comme le disait le petit nain de tout à l'heure à Bima, la connaissance est déjà en nous, elle n'est qu'un regard qu'on adopte.

Merveilleuse méthode qui sait calmer le cœur
Impossible à transmettre au soleil du grand jour.
Qui comprend que la lune allongée sur le lac
Est en fait dans le ciel au-dessus de mon toit.

Abandonnez vos intentions, laissez-vous aller à votre nature ; qu'est-ce que la nature ? Les réponses vous seront données alors que vous ne vous posez plus de questions.

Courir boucher les trous gêne en vain les souris,
S'évertuer à fouetter indispose le buffle.
Face aux eaux et montagnes, voyez votre nature,
Par le vent et la lune, laissez-vous emporter.

Contentez-vous de faire chauffer l'eau pour prendre un bain chaud, car « à marcher dans le vide, vous vous fatiguerez l'esprit en vain, tout le monde possède la grande idée » :

La poussière lavée, la saleté revient,
Autant laisser tomber la louche à puiser l'eau.
Du prochain peu m'importe la laideur des familles,
Je ne veux qu'ajouter du bois sous le chaudron.

Arrêtez de vous agiter, apprenez à être paresseuse comme ce buffle :

Fini pour moi sentiers et vignes qui se croisent,
Je crains que la charrue ne pèse à mes épaules.
Je laisse même à d'autres l'herbe tendre des haies,
Sous un vert peuplier, le vent me rassasie.

Sachez vous contenter de peu. Quand on voit ces gens s'escrimer à travailler pour gagner de l'argent et qui doivent ensuite dépenser tant d'énergie à le dépenser pour acheter des choses qui ne leur donneront aucun plaisir et qui n'auront de sens que d'engraisser les épiciers ! Mais il faut qu'ils achètent, c'est comme un prurit du cerveau qui les démange sans cesse ; s'ils savaient se satisfaire de thé et de riz, plus quelques fruits et légumes, quand même :

Vivant comme un oisif, sur quoi disserterais-je ?
Un bâtonnet d'encens est ce que je respire.
Si je dors, j'ai du thé ; si j'ai faim, j'ai du riz ;
Je marche au bord de l'eau
et m'assieds face aux nuages.

Dommage qu'il ne soit pas prévu pour les clochards des endroits bien chauffés pour dormir et pouvoir se doucher ! Ça deviendrait si tentant !

Le foyer s'est éteint et ma besace est vide,
Les flocons de neige marquent la fin de l'an.
Je ramasse une ficelle et répare mon habit,
Sans savoir que je suis un être démuni.

Alors peut-être arriverez-vous au calme ; à rien d'autre d'ailleurs, simplement au calme :

J'ai grand ouvert ma chambre au calme solitaire,
J'ai tiré le rideau pour qu'entre la nuit fraîche.
La lune séduisante s'appuie aux bambous verts,
Puis en silence passe au-dessus de la haie.

Et vous prendrez plaisir à retourner dans les montagnes, ou, si vous préférez – chacun ses goûts –, au bord de la mer ou à la campagne :

Fuir et quitter le monde n'est pas si difficile,
Habiter en montagne ne cause aucun souci.
Les cumulus traversent le beau temps et la pluie,
Les rocs des pics éprouvent l'obscurité du soir.
La biche qui allaite dort au sein des buissons,
Les corbeaux revenant perchent le soir sur l'arbre.
Au-dessus du sommet, descend la pleine lune
Qui éclaire mon cœur et le sens de la vie.

Beaucoup de gens ont essayé et se sont sentis désemparés, tels ces hippies ou soixante-huitards partis élever des moutons et des chèvres, mais ça n'a pas duré longtemps car c'est en fait une vie dangereuse si l'on n'a pas *d'abord* cette paix de l'esprit :

Quand tranquille est le cœur, vient la tranquillité,
Convient à cœur tranquille
la vie dans les montagnes.
Les montagnes ont surplus d'existence tranquille,
Mais gare à la montagne
quand le cœur n'est tranquille.

Sans prétendre savoir ce qui trouble le plus l'esprit, il est indéniable que le poids du passé est un des plus grands fautifs. Le passé de l'enfance, la désobéissance au commandement de la Bible qui nous dit : « tu quitteras ton père et ta mère », le carcan imposé par les maîtres, dépositaires des idées mortes, sont des tourbillons qui nous attirent vers le fond tandis qu'on essaie de surnager ; et la haine n'est rien d'autre que de ne pas savoir oublier le passé. Aussi à qui viendra, avec ce sourire cruel, vous jeter au visage ce que vous vouliez jeter aux poubelles de l'oubli, répondez par ce poème qu'un bonze composa pour quelqu'un de son village venu lui rendre visite :

Jeune, je suis parti et j'ai tout oublié,
Rappeler le passé est sujet de regrets.
De vieux amis évoquent le temps de ma jeunesse,
Mais déjà mort, un arbre a du mal à fleurir.
Les saules sur la berge penchent sous la rosée,
Les monts devant ma porte ont les couleurs de l'aube.
Seule cette vue demeure à travers les années.
Pourquoi m'interroger sur ce qui est passé !

Un autre bonze finissait son poème par ces deux vers :

Il suffit que je pense aux jours qui sont passés
Pour que, perdant la tête, je m'enfonce en folie.

Je suppose que vous avez maintenant compris où je voulais vous mener. Surtout ne croyez pas que je voulais jouer les gourous d'opérette. Je ne manquerais pas de ridicule, moi qui sais si mal conduire ma propre vie, qui ne fais que des bêtises, qui avec de bonnes intentions ne crée que des malheurs. Tout ce que je vous ai écrit n'était que de la sauce pour vous refiler en douce quelques traductions d'histoires chinoises qui peuvent servir à cultiver la sagesse et de poèmes tous écrits par des bonzes de la secte *chan* entre le VIIe et le XIIIe siècle. Je n'ai pas voulu non plus vous convertir au bouddhisme ; je laisserai ce souci aux marchands de religion qui sévissent. J'ai simplement souhaité vous faire connaître un aspect méconnu de la poésie chinoise qui a pourtant marqué les plus grands poètes, car c'est un certain regard, une certaine tentation pour l'esprit, beaucoup de personnes étant plus proches du bouddhisme qu'elles ne l'imaginent ; nous avons chacun un petit Bouddha qui sommeille en nous.

Mais n'allez pas penser que je veuille vous donner des conseils, n'attachez aucune importance à ce que je vous ai dit. Bien sûr qu'il faut aller en Chine, non en touristes, mais pour y faire quelque chose ou simplement s'y balader, le nez au vent et l'œil furtif, s'y laisser emporter comme une feuille que le vent promène :

Ma route se situe au-delà de l'azur
Où les nuages n'ont plus de lieu là où errer.
Au monde il existe un arbre sans racines,
Telle une feuille morte, que le vent m'y ramène.

Il faut rester un errant comme les nuages :

Pas encore arrivé au bord du non-agir,
Ma barque est sans attache, en vain je le regrette.
L'idée des nuages blancs à l'est sur la montagne :
Jusqu'à la fin de l'an, ils seront des errants.

D'ailleurs, n'écoutez jamais les vieillards ; ils vous feront rater l'essentiel, et je ne peux même pas dire comme cet habitant des montagnes :

La blancheur des cheveux ne vaut pas celle du cœur ;
Ma force déjà ressemble à un vieil arbre mort.
Les causes dans le calme se sont toutes dissoutes ;
J'ai pour seule pensée de voir venir l'unique.
Le Ciel a pardonné ma bêtise insouciante,
Le chan force à quitter l'être et son opposé.
De vie ce qui me reste est un soleil couchant,
Voici que je regagne pas à pas la demeure.

J'espère quand même pouvoir rester en compagnie des chats, et n'oubliez pas votre promesse :

Chez vous est né un chat à la tête de tigre,
Vous me l'avez promis, ne changez pas d'idée.
Ma demeure est trop froide pour les souris voleuses,
Je ne veux que le voir grimper en haut des arbres.

Mais trêve de bavardage, je deviens comme le perroquet qui ne sait que causer et trop de ces poèmes vont vous paraître répétitifs. Ils sont en effet les facettes d'un même joyau, dont on n'appréhendera jamais que les facettes. Permettez-moi seulement d'en citer un dernier pour prendre congé de vous :

Les chrysanthèmes embaument
quand les plantes se fanent ;
Au bord de la forêt, je prends congé de vous.
Je le sais comme vous, les monts sont sans trésor ;
Seul, je ferme ma porte au soleil qui se couche.

Présentez mon respectueux souvenir à vos parents et, quant à vous, pour reprendre une ancienne formule, croyez que je serais votre très humble et très dévoué cynologue, si je connaissais quelque chose aux chiens, et sachez que je suis peut-être un montreur d'ombres, un conteur de fadaises, mais surtout pas un sinologue.

P.-S. J'avais oublié l'essentiel : voyagez en Chine dans votre chambre. C'est très facile, il suffit d'apprendre à lire quelques poèmes. Je vous en démonte ci-dessous quelques-uns. Quand vous les aurez compris, apprenez-les par cœur ; cela vous sera très utile dans les salons. Au lieu de déclamer après dîner le *Songe d'Athalie* ou *Booz endormi* (à cause du vers : « Il avait encore des matins triomphants »), récitez quelques quatrains chinois : vous y éblouirez les rombières présentes et, si cela ne leur fait pas peur, les jeunes gens tomberont à vos genoux ; sinon, c'est qu'ils n'ont pas de goût, alors autant ne leur ouvrir ni vos bras ni vos cuisses. Pardonnez donc la longueur du post-scriptum, plus utile que la lettre : c'est une initiation par la poésie... seulement au chinois classique.

早發白帝城　李白

朝辭白帝彩雲間
千里江陵一日還
兩岸猿聲啼不住
輕舟已過萬重山

Un préjugé commun aux manuels de langue pour débutants est de penser que l'étudiant a un esprit infantile ou qu'il est même un débile mental. Sous prétexte de se mettre à la portée de l'utilisateur, linguistiquement ignorant mais mentalement adulte, les auteurs donnent des textes navrants de bêtise et fort ennuyeux. Quand j'ai enseigné le français à des Chinois, m'a été remis un manuel où l'on suivait la vie quotidienne d'un monsieur Vincent et d'une madame Vincent ; au bout de quinze jours, j'ai craqué et j'ai choisi des textes simples tirés de la littérature. Pour apprendre le chinois classique, je vous suggère de commencer par ces poèmes datant de la dynastie Tang, que tous les Chinois connaissent par cœur.

Ce serait une erreur de commencer à étudier le chinois classique sans avoir quelques bases au moins de chinois moderne. Pour plusieurs raisons : les Chinois parlent et écrivent le chinois actuel et vous ne pourriez pas plus communiquer avec la langue classique qu'un étudiant chinois ne pourrait le faire avec vous en latin ou en grec ; la compréhension des textes est souvent difficile, il faut donc avoir recours à des éditions avec des commentaires et explications en chinois moderne ; et, *last but not least*, vous risquez d'être si séduite par la littérature classique que vous négligerez la langue moderne, ce qui serait dommage et un grand handicap finalement pour séduire les fils du ciel. Mais même si vous vous destinez aux activités épicières du commerce international ou à la brillante carrière des palabres et cocktails diplomatiques, il est nécessaire de connaître un peu de chinois classique, car la barrière n'est pas étanche entre le classique et le moderne ; beaucoup d'expressions actuelles sont reprises de textes anciens, et seuls ceux-ci vous donneront un vernis culturel.

Je ne sais pas si vous avez l'habitude de lire des télégrammes. Si vous recevez : « Professeur travail pas temps occuper vous », vous en conclurez que le professeur est un goujat car, parce qu'il a du travail, il prétend ne pas avoir le temps de s'occuper de vous. La langue classique chinoise me fait penser à celle des télégrammes : il faut décrypter le sens général et rétablir les liaisons, avec cette difficulté supplémentaire que les mêmes mots peuvent être employés comme nom, verbe ou adjectif. En dessous des caractères et de leur prononciation, j'ai mis le mot que vous auriez pu trouver dans un dictionnaire et, à partir de cette suite décousue, vous devez rétablir le poème. Au début ce n'est pas facile ; c'est pourquoi j'ai ajouté quelques explications et des traductions, en français et en anglais, car inutile de vous lancer dans des études sur la Chine si vous ne lisez pas l'anglais.

Ces poèmes, qui ont l'intérêt de leur célébrité, sont écrits dans une langue assez simple et vous ne devriez pas avoir trop de mal à les comprendre. Le plus délicat peut-être est, à partir du sens premier des mots, de tirer le sens précis dans le poème ; il faut un peu d'imagination, d'intuition et surtout subordonner la compréhension de chaque mot au sens général du poème. L'avantage de la poésie, outre son charme, est de ne pratiquement pas utiliser ces « mots vides » dont la connaissance est nécessaire pour lire la prose classique.

Le choix des poèmes ne représente pas mes préférences personnelles ; il faut commencer par le plus simple et, en vous écrivant ce soir, je n'avais que quelques livres où je pouvais puiser. Les traductions vous révéleront que même de dignes professeurs peuvent prendre le Pirée pour un homme ; cela devrait vous enlever toute crainte de vous tromper, et la valeur d'une traduction, puisque nous ne sommes pas à l'examen, ne tient pas à l'absence de contresens, mais au ton, à la mélodie du français.

春曉
chun xiao
printemps/aube

春眠不覺曉
chun mian bu jue xiao
printemps/s'assoupir/ne pas/s'apercevoir/aube

處處聞啼鳥
chu chu wen ti niao
endroit/endroit/entendre/chanter/oiseau

夜來風雨聲
ye lai feng yu sheng
nuit/venir/vent/pluie/son

花落知多少
hua luo zhi duo-shao
fleur/tomber/savoir/combien

孟浩然 MENG HAORAN

Après avoir lu le mot à mot, vous devez avouer que, sans être douée, vous en déduisez facilement le sens. Vous voyez ici l'application de quelques règles de grammaire ; le complément de temps se place avant le verbe : 春眠 (dormir au printemps) ; 夜來 (venir pendant la nuit). Le complément de nom et l'équivalent de notre proposition relative, en fait tout ce qui détermine le nom, se mettent avant lui. « Le cheval du tailleur de ma tante », exemple célèbre pour apprendre l'anglais, deviendrait en chinois « ma tante tailleur cheval ». Donc 鳥啼 signifie « les oiseaux crient » tandis que 啼鳥 signifie « les oiseaux qui crient ». 風雨聲 signifie « le bruit du vent et de la pluie ». Mais, me direz-vous, qu'est-ce qui m'indique que cela ne veut pas dire « le bruit de la pluie du vent » ? Rien grammaticalement ; mais s'il faut bien voir tous les sens possibles d'après la grammaire, celle-ci ne vous dispense pas d'utiliser votre intelligence. Ce n'est pas parce que c'est de la poésie que c'est tarabiscoté. Il en est de même pour 春眠 qui, grammaticalement, peut signifier « le printemps dort » (sujet + verbe) ou « dormir au printemps » (complément de temps + verbe) ; mais le contexte est aussi important que la grammaire pour comprendre et c'est le sens général qui permet de choisir entre plusieurs interprétations grammaticalement possibles.

Par contre, au lieu d'écrire 聞 啼 鳥 (entendre les oiseaux qui crient), l'auteur aurait pu dire

聞鳥啼 (entendre que les oiseaux crient). Oui, mais en poésie, il faut rimer. Dans ces quatrains, les vers pairs doivent rimer entre eux, donc le vers 2 avec le vers 4 : *niao* rime avec *shao* (la rime est en *ao*). Vous remarquerez que le vers 1 rime aussi, mais ce n'est pas obligatoire.

Ici rien que par la transcription, vous percevez la rime, mais cette transcription indique une prononciation moderne des caractères qui ne correspond pas à celle de l'époque où le poème a été écrit ; la langue parlée a évolué depuis le VIIIe siècle, surtout dans le Nord de la Chine, plus soumis aux invasions, aux brassages de populations. Ces anciens poèmes lus en cantonais riment encore parfois alors qu'ils ne le font plus qu'exceptionnellement en langue nationale, basée sur le dialecte de Pékin.

A propos de la rime, permettez-moi une opinion personnelle, donc sujette à caution : en poésie, l'intérêt essentiel de la nécessité de rimer est d'obliger à s'exprimer différemment de la prose. Le rythme et l'effet musical peuvent en effet être créés de bien d'autres façons : assonances, allitérations, césure, etc. C'est pourquoi, en traduction, on peut s'en passer, à condition que « ça chante » par d'autres procédés.

Passons au vocabulaire. Vous avez un peu étudié le chinois moderne et ce qui doit vous frapper c'est que le chinois classique est monosyllabique : il y a un caractère (donc une syllabe) pour ce que nous appelons un mot, alors qu'en chinois moderne, la tendance est au dissyllabisme (deux caractères pour un mot). Par exemple ici, nous avons 知 (savoir) pour 知道 *zhidao* en chinois moderne ; 聲 (bruit) pour 聲音 *shengyin* en chinois moderne ; 覺 (se rendre compte, prendre conscience de) pour 覺悟 *juewu* ; 春 (printemps) pour 春天 *chuntian*. D'autre part, des mots différents sont parfois employés en chinois classique : aujourd'hui on ne dira pas 眠 pour « dormir », mais 睡覺 *shuijiao*, 聽 *ting* et non 聞 pour « entendre ». Le vocabulaire du chinois classique est plus riche, plus nuancé. Par exemple 睡 *shui* s'emploie aussi en classique dans le sens de « dormir », tandis que 眠 indique plutôt la nuance d'« être assoupi », dans cet état que vous connaissez sûrement où l'on est un peu comme dans du coton, pas vraiment endormi, pas vraiment éveillé.

En prose classique, certains mots indiquent des relations grammaticales ; ce sont ceux qu'on appelle les mots vides 虛字 *xuzi*, et ils sont particuliers au chinois classique. Par exemple, alors qu'un Chinois d'aujourd'hui écrira 風雨的聲音 *fengyu de shengyin* (le bruit du vent et de la pluie), 的 *de* indiquant que 風雨 est complément de nom de 聲音 (bruit), on écrirait en chinois classique 風雨之聲 *feng yu zhi sheng*, 之 ayant ici le même emploi en classique que 的 en chinois moderne. Mais les poètes, qui cherchent la langue la plus concentrée possible, n'emploient pour ainsi dire jamais ces mots vides ; la liaison logique ne peut se déduire que de la place des mots. C'est pourquoi les ambiguïtés sont plus nombreuses qu'en prose ; mais c'est un des charmes de la poésie ; cela permet plusieurs lectures.

Peut-être avez-vous remarqué une inversion du sujet par rapport au verbe dans le vers 夜來風雨聲. Le verbe est 來 (venir) et le sujet est 聲 (bruit). Ce phénomène n'est pas rare en poésie, mais ici on ne peut pas dire qu'il s'agisse d'une particularité du langage poétique, car même en chinois moderne, les expressions qui indiquent un phénomène naturel se construisent avec une inversion du sujet et du verbe. On dit 下雨 *xia yu* pour « il pleut », c'est-à-dire « tombe pluie » au lieu de « pluie tombe ».

Notez l'expression 多少 *duoshao* pour « combien », qui est toujours employée dans le langage le plus parlé. C'est une de ces expressions où l'on juxtapose deux mots de sens opposé (nombreux/peu nombreux) pour indiquer un troisième sens : « combien ». On dit aussi 大小 *daxiao* (grand/petit) pour signifier « dimension ». Une deuxième expression mérite l'attention : 處處 pour dire « partout, en tous endroits ». A présent, « partout » se dit 到處 *daochu* ; mais ce type d'expression avec redoublement pour indiquer la totalité se retrouve en chinois moderne : 人 *ren* veut dire « homme » et 人人 *renren* « tous les hommes » ; 年 *nian* veut dire « année » et 年年 *niannian* « tous les ans ».

Venons-en à l'intérêt de cette poésie. Il ne s'agit pas d'une réflexion profonde. Ceci sera souvent le cas dans les poèmes que nous étudierons ensemble pour une raison simple : j'ai choisi des poèmes faciles pour débuter. S'ils sont les plus connus, c'est que les élèves chinois commencent aussi par eux et ils les apprennent par cœur comme nous apprenons *le Corbeau et le Renard.* Il existe dans la littérature chinoise des poèmes plus intéressants, mais ils sont plus compliqués ; et ils sont moins connus, car quand les élèves grandissent, ils doivent s'occuper de choses « sérieuses » ; il n'y a plus de temps pour la poésie. D'ailleurs l'hermétisme à première lecture n'est pas un signe de qualité poétique ; j'aime autant Prévert que Mallarmé. Non, je préfère Prévert, mais ne le répétez pas ; cela ne fait pas distingué.

Mais vous m'accorderez que c'est un poème charmant où, en quatre vers, le poète exprime sa sympathie pour les fleurs dévastées par une tornade au moment du printemps. Le mot « printemps » au début du poème est essentiel. Les fleurs ici meurent avant d'accomplir leur destinée naturelle et ça, c'est triste ; si le poème évoquait l'automne, l'idée serait différente : c'est la fatalité des fleurs de mourir à la fin de l'été, ce n'est donc pas si affligeant et, elles au moins, renaissent au printemps suivant, tandis que l'homme ne fait que vieillir un peu plus chaque année.

Si vous voulez traduire ce poème, vous allez rencontrer une difficulté entre d'autres : on ne sait pas qui dort, qui s'aperçoit, qui a entendu la tornade ; il n'y a pas de sujet. Est-ce le poète ? Sans doute. Mais ce n'est pas dit et par ce vague qui est laissé, la poésie prend une valeur de généralité. Mais en français, c'est fort difficile à rendre. Le pronom « on » a cette valeur indéfinie, mais il ne conviendrait pas ici, car il est si peu joli, même si je ne suis aussi sectaire que ce père qui interdisait à sa fille de l'employer, car, disait-il, « on, ça fait con ».

Aurore printanière

Au printemps, endormi, l'on n'aperçoit pas
  l'arrivée de l'aurore ;
Mais, réveillé, on entend partout
  le gazouillement des oiseaux.
Hier, la pluie et le vent bruissaient pendant la nuit,
Sait-on combien de fleurs sont tombées de leur tige ?

(tr. Hsu Sung-nien)

L'aurore printanière

Le sommeil de printemps ignore volontiers l'aurore,
Çà et là, on entend partout le chant des oiseaux.
La nuit, au bruit du vent et de la pluie,
Combien de fleurs sont tombées sans qu'on le sache !

(tr. Lo Ta-kang)

Le matin au printemps

Le sommeil du printemps. Je ne sens pas l'aurore,
De tous côtés vient le chant des oiseaux.
On entendait la nuit le bruit du vent,
Il y a bien des fleurs qui sont tombées.

(tr. G. Margouliès)

Aube du printemps

Au printemps le dormeur, surpris par l'aube,
Entend partout gazouiller les oiseaux.
Toute la nuit, bruit de vent et de pluie ;
Qui sait combien de fleurs ont dû tomber !

(tr. Tch'en Yen-hia)

Matin de printemps

Sommeil printanier ignorer l'aube
Tout autour entendre chanter oiseaux...
Nuit passée : bruissement de vent, de pluie ;
Pétales tombés, qui sait combien...

(tr. F. Cheng)

Matin de printemps

Un sommeil de printemps ne sait nulle aube.
Les trilles des oiseaux entourent le dormeur.
Cette nuit, bruissement du vent et de la pluie –
Combien de pétales emportés ?

(tr. P. Carré et Z. Bianu)

Aurore printanière

Mon sommeil du printemps a oublié l'aurore.
Voici que les oiseaux chantent de toute part.
Cette nuit bruissaient le vent et la pluie.
Qui sait combien de fleurs maintenant sont tombées ?

(tr. P. Guillermaz)

A spring morning

This morn of spring in bed I'm lying,
Not woke up till I hear birds crying.
After one night of wind and showers,
How many are the fallen flowers !

(tr. Xu Yuan-Zhong)

靜夜思
jing ye si
calme/nuit/pensée

床前明月光
chuang qian ming yue guang
lit/devant/brillant/lune/lumière

疑是地上霜
yi shi di shang shuang
douter/ceci/terre/sur/givre

舉頭望明月
ju tou wang ming yue
lever/tête/regarder/brillant/lune

低頭思故鄉
di tou si gu-xiang
baisser/tête/penser/pays natal

李白 Li Bai

Ce poème est d'une simplicité à décourager ceux qui assimilent la poésie à une langue compliquée.

D'abord une remarque pour montrer l'inadaptation des termes occidentaux à la grammaire chinoise : 床前 signifie « devant le lit », 地上 « sur la terre », mais le terme de préposition ne convient pas pour 前, ni pour 上, qui sont ici comme des noms compléments de lieu, chacun déterminé par un autre nom : « le devant du lit », « le dessus de la terre » sont des compléments de lieu qui signifient « devant le lit », « sur la terre ».

是 en chinois moderne est équivalent à notre verbe être, mais en chinois classique, c'est la plupart du temps un démonstratif et le verbe être ne s'exprime pas ; il suffit de juxtaposer le sujet et l'attribut ; toutefois en prose, on ajoute le mot vide 也 *ye* en fin de phrase : 是霜 (ceci est de la gelée blanche) deviendrait 是霜也.

疑 (avoir des doutes, des soupçons, se demander) est encore un caractère très usité, mais un peu compliqué.

霜 (gelée blanche) comprend l'élément 雨 *yu* (pluie) comme tous les mots pour les phénomènes atmosphériques liés à l'eau : 雲 *yun* (nuage), 雪 *xue* (neige), 雷 *lei* (tonnerre), 電 *dian* (éclair, d'où la reprise de ce caractère pour l'électricité), 霓 *ni* (arc-en-ciel), 霧 *wu* (brume), 露 *lu* (rosée).

舉 (lever) s'emploie encore couramment, par exemple dans l'expression 舉手 *ju shou* (lever la main).

望 signifie « regarder au loin », d'où sa reprise dans l'expression moderne 希望 *xiwang* (espoir, espérer), car qu'est-ce qu'espérer sinon regarder au loin ?

思, monosyllabique, est l'équivalent moderne de 思想 *sixiang*, dissyllabique. En chinois moderne, 思想 ne s'emploie plus que comme nom (la pensée) ; comme verbe, on dit simplement 想 ; mais une des caractéristiques du chinois classique est que la plupart des mots peuvent s'employer comme nom, verbe, adjectif ; 思 peut être « la pensée » ou « penser » ; seul le contexte permet de préciser. C'est encore le cas en chinois moderne : 我的希望 *wo de xiwang* : « mon espoir » ; 我希望 *wo xiwang* : « j'espère » ; mais la tendance est maintenant de cantonner les mots dans une catégorie, nom, verbe ou adjectif.

故鄉 (le pays natal) est une expression qui est restée dans le langage contemporain.

Ce poème me fait penser à une page de Lu Xun 魯迅, écrivain moderne, qui évoque un retour à son pays natal en remontant une rivière en bateau. Pendant sa longue absence, il en avait conservé un souvenir très subjectif et idéalisé ; en le regardant à présent de la rive, il est très déçu, mais il se dit que ce n'est pas le paysage, mais lui qui a changé au cours de ces longues années. Rêver de son pays natal est un des thèmes favoris de la littérature chinoise.

Dans ce poème, Li Bai, lui, est loin de chez lui. Par une nuit où brille le clair de lune, il se demande d'abord si la lumière lunaire n'est pas du givre sur le sol, puis il regarde la lune et pense à son pays natal. Pourquoi ? Parce que les

Chinois disent souvent que deux régions, même très éloignées, sont éclairées par le même soleil et la même lune :

Montagnes et rivières sont en des lieux différents.
Le soleil et la lune sont dans un même ciel.

D'autre part, les deux premiers vers ont pour thème l'ambiguïté entre le clair de lune et le givre, et l'ambiguïté est un des ressorts essentiels de la poésie chinoise.

Il ne faut jamais considérer un seul vers, mais les prendre toujours deux par deux, et ils sont souvent parallèles. Les deux derniers en offrent un cas parfait : grammaticalement, on a verbe + complément/verbe + complément au 3e comme au 4e vers ; et sémantiquement, puisque « lever » s'oppose à « baisser », « regarder au loin » à « penser au pays lointain », « lune » à « pays natal » – en effet la même lune qu'il voit est celle qui éclaire son pays natal. Dans un poème si court, 明月 et 頭 sont répétés deux fois : les Chinois n'ont pas la même aversion que nous pour les répétitions, mais c'est quand même une faiblesse de ce poème.

Pensée dans une nuit calme

Devant mon lit, la lune jette une clarté très vive ;
Je doute un moment si ce n'est point
la gelée blanche qui brille sur le sol.
Je lève la tête, je contemple la lune brillante ;
Je baisse la tête et je pense à mon pays.

(tr. Marquis d'Hervey de Saint-Denys)

Pensée d'une nuit calme

Devant mon lit, au clair de lune,
Je crois le sol couvert de givre.
Je lève la tête, et contemple la lune qui brille.
Je baisse la tête, et songe à mon pays lointain.

(tr. Lo Ta-kang)

Souvenir dans le calme de la nuit

Devant le lit je vois le reflet de la lune,
On dirait du givre sur la terre.
Je lève la tête, je vois la montagne et la lune ;
Je baisse la tête, songeant à mon pays natal.

(tr. G. Margouliès)

Pensée nocturne

Devant mon lit – clarté, transparence.
Est-ce bien du givre sur la terre ?
Tête levée : je contemple la lune.
Yeux baissés : je songe au pays natal.

(tr. F. Cheng)

Nostalgie

Devant mon lit est le clair de lune,
Le sol paraît plein de gelée blanche.
Je lève la tête et contemple la lune.
Puis je la baisse et songe à mon pays natal.

(tr. P. Guillermaz)

In the quiet night

So bright a gleam on the foot of my bed –
Could there have been a frost already ?
Lifting myself to look,
    I found that it was moonlight.
Sinking back again,
    I thought suddenly of home.

(tr. Witter Bynner)

Afront my bed the moonlight is very bright.
I wonder if that can be frost on the floor ?
Lift up my head
    and look at the full moon, the dazzling moon.
Drop my head,
    and think of the home of old days.

(tr. A. Lowel)

Quiet night thoughts

Before my bed there is bright moonlight
So that it seems like frost on the ground :
Lifting my head I watch the bright moon,
Lowering my head I dream that I'm home.

(tr. A. Cooper)

On a quiet night

I saw the moonlight before my couch,
And wondered if it were not the frost on the ground.
I raised my head
    and looked out on the montain moon ;
I bowed my head
    and thought of my far-off home.

(tr. Obata)

風橋夜泊
feng qiao ye bo
érable/pont/nuit/amarrer

月落烏啼霜滿天
yue luo wu ti shuang man tian
lune/tomber/corbeau/crier/givre/remplir/ciel

江楓漁火對愁眠
jiang feng yu huo dui chou mian
fleuve/érable/pêcheur/feu/faire face/triste/s'assoupir

姑蘇城外寒山寺
Gu-su cheng wai Han-shan si
(nom de lieu)/ville/extérieur/(nom de personne)/ monastère

夜半鍾聲到客船
ye ban zhong sheng dao ke chuan
nuit/moitié/cloche/son/arriver/voyageur/bateau

張繼 ZHANG JI

Un minimum de vocabulaire est certes nécessaire ; mais plus importante encore est une bonne connaissance de la civilisation. Il est possible de l'acquérir même si l'on ignore le chinois : nombreux sont les livres fort instructifs en français et surtout en anglais ; et n'oubliez pas que les ouvrages de sinologie sont comme les machines à laver : ce n'est pas forcément le dernier modèle qui est le meilleur, comme l'a écrit un éditeur pour justifier une réimpression.

Par exemple, même si vous savez que 楓 signifie « érable », 姑 « la tante paternelle » ou « la sœur du mari » et 寒 « glacial », vous ne pourrez faire qu'une traduction délirante de ce poème parce que vous ignorez que 楓橋 (Pont aux érables) est un pont célèbre de la ville de Suzhou 蘇州 (province du Jiangsu), que l'ancien nom de cette ville est 姑蘇 Gusu, que c'est une des villes les plus attrayantes de la Chine, celle qu'on appelle la Venise de la Chine à cause de ses canaux, qu'elle fut, en particulier sous les Ming, un grand centre culturel et qu'elle continua à l'être sous les Qing, car s'y étaient réfugiés beaucoup de nobles de l'ancienne dynastie ; et parce que vous ignorez que Hanshan était un poète bouddhiste célèbre du VIe siècle à qui est consacré un temple dans ce lieu.

Hanshan 寒山 était un bonze excentrique, que l'on représente souvent avec son ami 拾得 Shede, dépenaillé et hilare. Shede travaillait aux cuisines du monastère et il nous reste de lui une dizaine de poèmes ; il nourrissait son ami qui, lui, vivait en clochard céleste dans la montagne. Hanshan nous a laissé trois cents poèmes, tous traduits en français par Patrick Carré dans un volume intitulé *le Mangeur de brume* (Phébus, Paris, 1985), un joli titre et une lecture à conseiller. C'est un poète qui a fasciné la Beat Generation en Californie, notamment Gary Snyder. Celui-ci et Burton Watson ont traduit une partie de ses poèmes en anglais.

Les deux premiers quatrains avaient cinq mots (ou caractères) par vers ; celui-ci en a sept. En effet, dans les poèmes « réguliers » (律詩 *lü shi*), les huit vers tout au long d'un poème ont soit cinq, soit sept caractères ; et les quatrains de même puisqu'ils sont considérés comme des moitiés de poèmes réguliers. La césure, au lieu d'être 3/2 comme pour les vers de cinq caractères, est 4/3.

Le corbeau 烏 est en Chine associé à la tristesse. Il aurait été à l'origine un oiseau doré vivant dans le soleil. Il y avait à cette époque dix soleils, qui sortaient les uns après les autres, chacun un jour. Quand ils décidèrent de sortir tous ensemble, la chaleur devint intolérable et l'Empereur céleste envoya Yi 羿 l'Archer les punir. Celui-ci, avec ses flèches, en abattit neuf, et chaque fois tombait sur terre un corbeau, qui, noirci par le feu céleste, devenait noir.

江 désigne ici le Grand Canal qui passe par Suzhou et réunit la région de Tianjin au Yangtse.

Le bateau du poète est ancré par une nuit d'automne près d'un pont, le long d'une rive bordée d'érables. La lune déjà se couche à l'ouest, les corbeaux crient, comme tous les oiseaux juste avant l'aube, la gelée blanche semble figer le ciel ; la nuit est donc déjà très avancée. Le poète est si triste qu'il ne parvient pas à dormir, même s'il est à moitié assoupi ; il aperçoit par la fenêtre du bateau les érables et les feux des bateaux de pêcheurs, et il entend la cloche d'un monastère. L'intérêt de ce poème est de traduire une tristesse d'autant plus profonde qu'elle contraste avec le charme du paysage nocturne et la sérénité évoquée par la cloche du monastère.

Nuit sous le pont aux érables

La lune décline, les corneilles croassent
   dans le ciel couvert de givre.
Les érables du fleuve, des feux de pêcheur
   accompagnent le dormeur mélancolique.
Un temple de la Montagne Fraîche,
   hors de la ville de Kou-sou,
Vers minuit, un tintement de cloche
   parvient au bateau du voyageur.

(tr. Lo Ta-kang)

Nuit à l'ancre au pont des érables

La lune se couche, un corbeau croasse,
   le gel emplit le ciel ;
Les érables du fleuve et les feux des pêcheurs
   font face à mon triste sommeil.
Du monastère de la Montagne froide,
   hors des murs de Kou-sou,
Le son d'une cloche, à minuit,
   parvient jusqu'au bateau du voyageur.

(tr. Tchang Fou-jouei)

A l'ancre le soir près du pont des érables

La lune tombe, les corbeaux croassent,
    le givre emplit l'horizon.
Erables de la rive, feux de pêcheurs,
    mon sommeil troublé.
Près de la cité de Soochow
    est le temple Han Shan
Au milieu de la nuit, le son de sa cloche
    atteint mon bateau.

(tr. P. Guillermaz)

A night-mooring near Maple Bridge

While I watch the moon go down,
    a crow cows through the frost ;
Under the shadows of maple-trees
    a fisherman moves with his torch ;
And I hear from beyond Su-chou,
    from the temple on Cold Mountain,
Ringing for me, here in my boat,
    the midnight bell.

(tr. Witter Bynner)

早發白帝城

zao fa Bai-di cheng

de bonne heure/partir de/(nom de lieu)/ville

朝辭白帝彩雲間
zhao ci Bai-di cai yun jian
matin/prendre congé/(nom de lieu)/coloré/nuage/parmi

千里江陵一日還
qian li Jiang-ling yi ri huan
mille/lieue/(nom de lieu)/un/jour/revenir

兩岸猿聲啼不住
liang an yuan sheng ti bu zhu
deux/rive/singe/son/cri/ne pas/fixer

輕舟已過万重山
qing zhou yi guo wan chong shan
léger/bateau/déjà/traverser/dix mille/répété/montagne

李白 LI BAI

La compréhension de ce poème si célèbre de Li Bai nécessite aussi quelques connaissances en géographie et sur les conditions dans lesquelles il a été écrit. La révolte d'An Lushan 安祿山 (vers 750) a bouleversé la Chine, et la dynastie Tang ne s'en est jamais vraiment relevée, car la rébellion écrasée, les généraux deviendront plus ou moins indépendants et se disputeront les provinces. La capitale Chang'an 長安 (aujourd'hui Xi'an 西安) fut prise ; l'empereur Xuanzong 玄宗 (明皇 Minghuang) dut partir en exode dans la province du Sichuan ; la garde impériale exigea la mort de sa concubine préférée, Yang Guifei 楊貴妃 (elle s'appelait en fait Yang Yuhuan 楊玉環, *guifei* était son titre : concubine impériale de premier rang) ; et l'empereur, accablé de chagrin, démissionna en faveur de l'un de ses fils. Un autre de ses fils avait pendant ce temps défendu la région de la basse vallée du Yangtse ; ulcéré de s'être vu préférer un de ses frères pour monter sur le trône, il se rebella et proclama l'indépendance de la basse vallée du Yangtse. Il prit alors à son service le poète Li Bai, qui résidait à cette époque sur le mont Lushan. Quand cette révolte fut écrasée, Li Bai fut impliqué dans la répression et condamné à l'exil dans la province du Yunnan. Pour s'y rendre, il prit le bateau pour remonter le Yangtse, franchit les gorges qui passent à travers les montagnes protégeant la province du Sichuan, et il comptait se rendre de là vers le sud, au Yunnan. Quand il eut franchi les gorges et atteint la ville de Baidi (la ville de l'Empereur Blanc), il apprit qu'il y avait une amnistie. Il décida donc de revenir et il refranchit les gorges en partant de Baidi, cette fois en descendant le cours du fleuve au lieu de le remonter et arriva à Jiangling 江陵. Je ne sais pas si ce trajet qu'un bateau moderne met douze heures à parcourir pouvait se faire en un jour ; Li Bai exagère souvent ; c'est un familier de l'hyperbole. Il ne faut pas prendre au pied de la lettre (les lettres ont-elles des pieds ?) l'expression dix mille montagnes : dix mille signifie simplement un très grand nombre.

Dans ce poème, trois caractères ont chacun deux prononciations avec des sens différents : 朝 comme ici peut se prononcer *zhao* et signifier « le matin », ou se prononcer *chao* et signifier « tourné vers » (朝南 *chao nan* : « vers le sud »), ou « dynastie » (明朝 *Ming chao* : la dynastie Ming) car, en classique, 朝 comme nom signifiait « une audience à la cour » et comme verbe « donner audience ». 重 prononcé *zhong* signifie « lourd », prononcé *chong* signifie « répété, successif ». 還 prononcé *hai* est un adverbe (encore), prononcé *huan* est un verbe (rendre ou revenir).

住 (rester, fixer), employé après un verbe, ajoute l'idée de « s'arrêter de » et, avec une négation, de « ne pas s'arrêter de, sans cesse ».

En Chine, le cri des singes est un signe de tristesse. L'expression « une douleur à vous déchirer les entrailles » (斷腸 *duan chang*) viendrait d'ailleurs d'un malheur arrivé à une guenon (c'est ce qu'on dit !) : des chasseurs auraient enlevé son petit à une guenon et quand ils attrapèrent celle-ci ensuite, ils s'aperçurent que ses entrailles avaient été coupées de douleur. J'ai franchi deux fois ces gorges, mais je n'ai pas vu de singes.

Départ matinal du rempart de Pai-ti

Je quitte à l'aube Pai-ti dans ses nuées multicolores,
Pour regagner Jiang-ling : mille stades en un jour.
Sur les deux rives, les singes s'appellent sans cesse ;
Déjà mon esquif glisse entre
    dix mille étages de montagnes.

(tr. R. Ruhlmann)

En descendant le fleuve vers Chiang-ling

Quitter à l'aube la cité d'Empereur-Blanc
    aux nuages irisés ;
Descendre le fleuve jusqu'à Chiang-ling,
    mille lis en un jour.
Des deux rives, sur les hautes falaises,
    sans répit crient les singes...
Mais d'une traite, mon esquif franchit
    dix mille chaînes de montagnes !

(tr. F. Cheng)

Descente à Kiang-ling

Aux nuées de couleur quitter la ville à l'aube.
Mille lis en un jour pour regagner Kiang-ling.
Sur les deux rives sans répit les singes crient :
Déjà mon esquif a franchi dix mille montagnes.

(tr. P. Carré et Z. Bianu)

Through the Yangtsze gorges

From the walls of Po-ti high
    in the coloured dawn
To Kiang-ling by night-fall
    is three hundred miles,
Yet monkeys are still calling
    on both banks behind me
To my boat these
    ten thousand mountains away.

(tr. Witter Bynner)

Early departure from White King City

At dawn we leave White King, its clouds all coloured,
For passage to Kiang-ling in one sun's circuit
While both banks' gibbons cry calls still unceasing,
Our light boat has gone by many fold mountains.

(tr. A. Cooper)

渭城曲
Wei-cheng qu
(nom de lieu)/mélodie

渭城朝雨浥清塵
Wei-cheng zhao yu yi qing chen
Ville de Wei/matin/pluie/mouiller/pur/poussière

客舍青青柳色新
ke she qing qing liu se xin
voyageur/demeure/vert/vert/saule/couleur/nouveau

勸君更盡一杯酒
quan jun geng jin yi bei jiu
exhorter/vous/plus/épuiser/un/tasse/vin

西出陽關無故人
xi chun Yang-guan wu gu ren
ouest/sortir/(nom de lieu)/ne pas avoir/ancien/personne

王維 WANG WEI

Beaucoup de poèmes ont été écrits pour dire adieu à un voyageur. Celui-ci est un des plus célèbres. Dans une auberge à Weicheng (渭 est le nom d'une rivière qui se jette dans le Fleuve Jaune et la ville de Wei est située sur cette rivière), un voyageur s'apprête à partir pour l'Asie centrale. Il a plu pendant la nuit et les deux premiers vers ont pour thème les effets de la pluie autour de l'auberge : les saules sont devenus plus verts, la poussière est retombée. Dans les deux derniers vers, le poète invite le voyageur à vider un dernier verre car au-delà il ne rencontrera plus d'amis.

J'ai déjà expliqué 朝 à propos du poème précédent. Dans 清塵, 清 est verbe et l'expression signifie « purifier la poussière, nettoyer la poussière » ; c'est une région de lœss, dont la terre jaune et sèche se lève en poussière avec le vent d'Asie centrale. 客舍 « demeure du voyageur » est une expression qui désigne une auberge. 更 est un adverbe et signifie « encore une fois ». 盡 signifie en général « utiliser jusqu'au bout », donc ici « vider » puisqu'il s'agit d'une tasse, 杯 (tasse) : en Chine encore aujourd'hui, on boit l'alcool et le thé dans des tasses ; le verre ne fut introduit que tardivement. 西 est un complément de lieu, donc avant le verbe. La passe de 陽關 Yangguan est située dans la province du Gansu, au sud-ouest de Dunhuang. 關 veut dire « fermer », mais comme nom « une passe entre des monts » ; ce sens se retrouve dans l'expression moderne 海關 *haiguan* (la douane, la passe maritime), 無 est égal à 没有 (ne pas avoir). 故人 : « un vieil ami, un ami de longue date » ; 故 peut vouloir dire « vieux » ou « raison, cause », tandis que 古 *gu* signifie seulement « vieux, ancien ».

Ce quatrain reprendrait le rythme d'une mélodie, c'est pourquoi le titre en est *Sur un air de Weicheng.*

La chanson de Weich'eng

A Weicheng la pluie du matin mouille la poussière fine,
Près de l'auberge, les jeunes saules verdissent.
— Videz encore une coupe de vin,
Passé le col de Yang vous n'aurez plus d'amis.

(tr. P. Guillermaz)

A song at Wei-ch'eng (written to music)

A morning-rain has settled the dust in Wei-ch'eng
Willows are green again in the tavern dooryard...
Wait till we empty one more cup –
West of Yang Gate there'll be no old friends.

(tr. Witter Bynner)

竹里館
zhu li guan
bambou/dans/auberge

獨坐幽篁里
du zuo you huang li
seul/assis/retiré/bosquet de bambous/dans

彈琴復長嘯
tan qin fu chang xiao
jouer/cithare/en outre/long/fredonner

深林人不知
shen lin ren bu zhi
profond/forêt/personne/ne pas/savoir

明月來相照
ming yue lai xiang zhao
brillant/lune/venir/mutuellement/éclairer

王維 WANG WEI

Le titre de ce poème désigne un nom de lieu. Le 館 est une sorte d'hôtel pour fonctionnaires et celui-ci s'appelle l'Hôtel dans les bambous (comme ici le Lion d'or ou le Cheval blanc) ; il était situé près de Lantian 藍田. Wang Wei, qui était haut fonctionnaire en même temps que peintre, poète et musicien, avait le droit d'y résider. 幽 qualifie un endroit retiré, silencieux. 篁 est un caractère peu fréquent, il signifie « un bosquet de bambous ». 彈 est un verbe qui s'emploie pour les instruments de musique à cordes pincées (拉 *la* pour les instruments à cordes frottées ; 吹 *chui* (souffler) pour les instruments à vent). 琴 (on dit actuellement 古琴 *guqin*) est une cithare à sept cordes sur une table de résonance posée devant le musicien. C'est un instrument de musique d'origine chinoise ; il fut l'instrument par excellence des lettrés ; on pince ou on frotte les cordes avec les doigts. 復, comme 又 *you*, se traduit plus souvent par « en outre » que par « encore » ; vous vous en apercevrez dans beaucoup de textes. Il faut se servir des dictionnaires avec discernement ; ce n'est pas la Bible. (Faudrait-il lire la Bible sans discernement ?) 長 est employé comme adverbe (longuement) ; il détermine le verbe 嘯 qui, quoi qu'en dise le dictionnaire, signifie ici « fredonner » plutôt que « siffler ». 相 est un adverbe un peu déroutant car nous n'avons pas, ici encore, un seul mot pour le traduire dans tous les cas ; pour le comprendre, il faut considérer le contexte ; souvent il n'indique pas la réciprocité, mais l'existence d'une relation entre le sujet et un complément qui n'est pas exprimé ; 相照 ici pourrait donc se traduire par « m'éclairer ».

La recherche de la solitude est un des grands thèmes de Wang Wei, ce qui n'est pas étonnant

pour un homme qui menait une vie officielle si active et qui aimait se retirer à la campagne dans sa résidence secondaire. Wang Wei fut très attiré (vous aussi ?) par la pensée bouddhique, notamment par l'école *chan* 禪 (zen en japonais), qui considère que l'illumination, ou si vous préférez l'intelligence véritable du monde, n'est accessible et transmissible qu'en dehors des mots, du discours, par le silence, la retraite dans la nature, un choc physique ou intellectuel, peut-être aussi par la musique ou la peinture.

Maison dans l'allée aux bambous

Seul, assis parmi les bambous solitaires,
Je joue du luth et siffle longuement.
Profonde est la forêt, personne ne m'entend,
Vient la lune blanche qui m'éclaire.

(tr. Lo Ta-kang)

La demeure dans les bambous

Assis dans les bambous tranquilles,
Je joue du luth et chante à pleine voix.
Au fond du bois, ignoré des hommes,
Seule la lune vient m'éclairer.

(tr. P. Guillermaz)

La gloriette aux bambous

Assis seul à l'écart au milieu des bambous,
Je joue de la cithare et chante à pleine voix ;
Dans la forêt profonde, où les hommes m'oublient,
Seul un rayon de lune est venu m'éclairer.

(tr. F. Cheng)

La gloriette aux bambous

Seul, assis entre les bambous,
Je joue de la cithare et je siffle,
Dans la forêt, oublié des hommes.
La lune s'est approchée : clarté.

(tr. F. Cheng)

L'auberge des bambous

Assis seul dans le secret des bambous,
Longtemps je siffle au chant du luth.
Au bois profond nul ne me connaît –
Je reflète la lune qui vient m'illuminer.

(tr. P. Carré et Z. Bianu)

In a retreat among bamboos

Leaning alone in the close bamboos,
I am playing my lute and humming a song
Too softly for anyone to hear –
Except my comrade, the bright moon.

(tr. Witter Bynner)

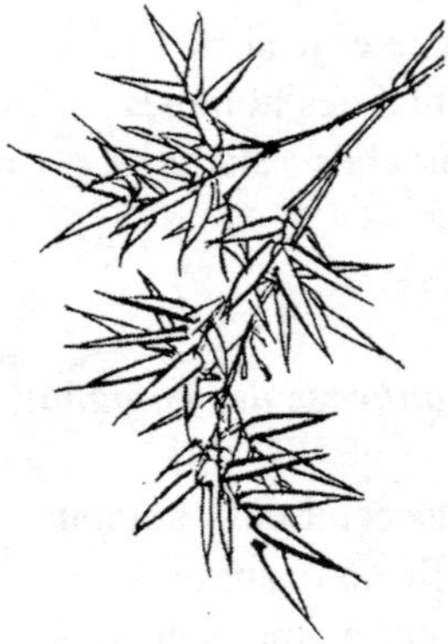

怨情

yuan qing

ressentiment/sentiment

美人捲珠簾

mei ren juan zhu lian

beau/personne/rouler/perle/rideau

深坐蹙蛾眉

shen zuo cu e-mei

profond/assis/froncer/sourcil

但見淚痕濕

dan jian lei hen shi

seulement/voir/larme/trace/mouillé

不知心恨誰

bu zhi xin hen shei

ne pas/savoir/cœur/haïr/qui

李白 LI BAI

怨 signifie « le ressentiment », souvent pour avoir subi une injustice. 卷 *juan* signifie « le rouleau » et en y ajoutant la clé de la main, cela devient 捲 qui signifie « enrouler ». 珠 : en français, le mot « perle » est ambigu : est-ce la perle que l'on extrait de l'huître (*pearl* en anglais) ou ces perles en bois, en pâte de verre ou en toute autre matière (*bead* en anglais) ? Comme ici il s'agit d'un rideau, on peut penser qu'il s'agit de perles de fantaisie. 深 (profond) réfère ici au temps et non à l'espace : tard, longtemps, dans la profondeur de la nuit. 蹙 est un mot rare et signifie « froncer » (les sourcils) ; l'expression courante est 皺眉 *zhou mei*. 蛾 signifie le « papillon de nuit ou phalène », 眉 « le sourcil » et 蛾眉 « simplement le sourcil », associé aux antennes des papillons ou à la forme de la partie antérieure de leurs ailes. 但 comme conjonction veut dire « mais », et comme adverbe « seulement », c'est ici le cas. 痕 signifie « la cicatrice », mais pour la marque laissée par des larmes, on dira plutôt en français « les traces ».

Ici Li Bai évoque une jolie fille qui attend en vain son amant tard dans la nuit. Elle a relevé le rideau et elle reste assise près de la fenêtre, pleurant et fronçant les sourcils. Mais nous ne savons quel est celui à qui elle en veut de son indifférence. Nombreux sont les poèmes sur la femme délaissée ; les hommes, et en particulier les poètes, ont beaucoup de sympathie pour la femme abandonnée quand ce ne sont pas eux-mêmes qui la délaissent.

Le chagrin

Elle a enroulé son rideau de perles fines,
Assise, elle médite, en fronçant les sourcils.
On voit seulement que les yeux
 sont humides de larmes,
On ne sait pas quel est celui qu'elle regrette.

(tr. G. Margouliès)

Regret

La belle relève le rideau,
Assise, immobile, elle fronce ses beaux sourcils.
On voit seulement la trace humide d'une larme.
Pourquoi son cœur est-il en peine ? On ne sait pas.

(tr. Lo Ta-kang)

Le regret

Elle a roulé son rideau de perles,
Assise, elle songe, sourcil froncé.
On ne voit que la trace des larmes,
Et l'on ne sait pas à qui va sa haine.

(tr. P. Guillermaz)

A bitter love

How beautiful she looks,
   opening the pearly casement,
And how quiet she leans, and troubled her brow is !
You may see the tears now, bright on her cheeks,
But not the man she so bitterly loves.

(tr. Witter Bynner)

The night of sorrow

A lovely woman rolls up
The delicate bamboo blind.
She sits deep within,
Twitching her moth eyebrows.
Who may it be
That grieves her heart ?
On her face one sees
Only the wet traces of tears.

(tr. Obata)

宮怨
gong yuan
palais/ressentiment

閨中少婦不知愁
gui zhong shao fu bu zhi chou
gynécée/milieu/jeune/femme/ne pas/savoir/chagrin

春日凝妝上翠樓
chun ri ning zhuang shang cui lou
printemps/jour/figer/maquillage/sur/irisé/bâtiment

忽見陌頭楊柳色
hu jian mo-tou yang-liu se
soudain/voir/digue de rizière/saule/couleur

悔教夫婿覓封侯
hui jiao fu-xu mi feng-hou
regretter/(factitif)/mari/chercher/titre nobiliaire

王昌齡 WANG CHANGLING

少婦 : « jeune femme » ; 少女 : « jeune fille » ; 少時 *shaoshi* : « pendant l'enfance » (cette expression est restée en chinois moderne) ; *shao*, au 3e ton, signifie « peu nombreux » et, au 4e ton, « jeune ». Les verbes chinois sont invariables ; le temps ne peut se déduire que du contexte ; ici 知

doit être compris au passé : jusqu'ici elle était heureuse et voici qu'elle va connaître le chagrin en regrettant le départ de son mari. 陌頭 : les digues entre les rizières qui servaient de chemin. 悔 (regretter) se retrouve dans l'expression moderne 後悔 *houhui* (regretter). 教 a comme sens premier « enseigner » et 叫 *jiao* (homophone) celui d'« appeler » ; ces deux verbes sont employés comme factitifs (faire + verbe) quand est impliquée l'idée qu'on dit à quelqu'un de faire quelque chose (覓 « rechercher », 教覓 « faire rechercher »). 封 veut à l'origine dire « le sceau » ; c'est pourquoi ce caractère est repris dans 信封 *xinfeng* (l'enveloppe), car jadis on scellait les lettres (avec une encre grasse rouge, non pas en imprimant dans de la cire comme en Occident) ; le sens dérivé est « le fief » (comme nom) ou « donner un fief » (comme verbe) puisque c'était en remettant un sceau, insigne du titre conféré, que le souverain donnait un fief. 侯, quand on l'oppose aux autres titres nobiliaires, comme 公 *gong duc*, se traduit par « marquis » ; mais 侯 désigne aussi par extension les nobles en général, comme dans l'expression 諸侯 *zhuhou* : « les feudataires » (諸 est un préfixe qui indique le pluriel ; ne confondez pas 侯 avec 候 *hou* qui a un trait en plus et que vous retrouvez dans 時候 *shihou*, « moment »). Donc 封侯 veut dire « titre nobiliaire » en général. Ces titres, souvent conférés sous l'empire à partir des Han pour des mérites, étaient honorifiques et valaient des émoluments, mais le fief continuait souvent à être administré par les fonctionnaires du gouvernement central. 夫 au premier ton signifie « l'homme » ou « le mari », ce qui se retrouve dans les expressions modernes 夫妻 *fuqi* (mari et femme, les époux), 丈夫 *zhangfu* (mari). Au deuxième ton, c'est une conjonction pour début de phrase, parfois traduisible par « or », mais qui souvent indique simplement un début de phrase, car avant l'époque moderne, les Chinois ignoraient les signes de ponctuation et devaient quelquefois y suppléer par des caractères. 婿 est « le gendre » (女婿 *nüxü* en chinois moderne). Pourquoi employer le caractère pour « gendre » dans une expression qui signifie « mari » ? Par respect, la belle-fille reprend des termes utilisés par les beaux-parents ; c'est aussi par respect qu'elle emploie pour la parenté de son mari les mêmes mots que ceux qu'utilisent ses enfants, si bien qu'elle appelle « tante » la sœur de son mari ; donc le mot 姑 *gu* peut signifier, suivant la personne qui parle, soit « la tante paternelle », soit « la belle-sœur » (sœur du mari). Ce phénomène n'est pas ignoré en Occident : certaines belles-filles, sur qui pèse un peu trop le poids de la famille, appellent leur belle-mère « grand-maman » comme le font leurs enfants.

Mélancolie dans le gynécée

Dans le gynécée, la jeune femme
  ne connaît pas la mélancolie.
Au printemps, éblouissante et parée,
  elle monte à l'étage supérieur ;
Tout à coup elle aperçoit les saules
  de nouveau verdoyants dans les sentiers,
Alors elle regrette d'avoir conseillé à son mari
  d'aller conquérir un titre de comte.

(tr. Hsu Sung-nien)

Tristesse au gynécée

La jeune femme du gynécée
  ne connaît pas le chagrin.
Un jour de printemps, soigneusement parée,
  elle monte au pavillon bleu.
Soudain, découvrant la couleur
  des saules, sur la route,
Elle regrette d'avoir laissé partir son mari
  à la recherche des honneurs.

(tr. Lo Ta-kang)

Complainte du palais

Jeune femme, au gynécée, ignorant les chagrins.
Jours de printemps : parée, elle monte à l'étage bleu.

Eblouie par la couleur des saules, le long du chemin,
Regret soudain : son époux est parti
    rechercher les honneurs.

(tr. F. Cheng)

Complainte de gynécée

La jeune femme en son boudoir
    ignore les chagrins.
Or, un jour de printemps, dans ses plus beaux atours,
    elle a gravi l'étage peint en bleu.
Elle aperçoit soudain, près du chemin,
    le coloris des saules,
Et se repent d'avoir voulu que son mari
    partît chercher un titre.

(tr. Tch'en Yen-hia)

In her quiet window

Too young to have learned what sorrow means,
Attired for spring, she climbs
    to her high chamber...
The new green of the street-willows
    is wounding her heart –
Just for a title she sent him to war.

(tr. Witter Bynner)

涼州詞
Liang-zhou ci
(nom de lieu)/chanson

葡萄美酒夜光杯
pu-tao mei jiu ye guang bei
raisin/beau/vin/nuit/éclat/tasse

欲飲琵琶馬上催
yu yin pi-pa ma shang cui
vouloir/boire/luth/cheval/sur/presser

醉臥沙場君莫笑
zui wo sha chang jun mo xiao
ivre/couché/sable/terrain/vous/ne pas/rire

古來征戰幾人回
gu-lai zheng zhan ji ren hui
depuis toujours/expédition/guerre/combien homme/revenir

王翰 WANG HAN

La guerre est un des thèmes de la poésie chinoise depuis le *Classique des vers* (詩經 *Shi jing*), plus souvent sur le ton de la complainte que sur celui de l'héroïsme. Il a été repris sous les Tang à cause des nombreuses expéditions en Asie centrale, puis des combats qui ont suivi la révolte d'An Lushan.

En Chine, on boit d'ordinaire de l'alcool ou du vin de céréales ; le vin de raisin fut un de ces produits importés d'Asie centrale sous les Tang. La « tasse à l'éclat nocturne » 夜光杯 désigne une tasse en jade blanc, produit également en provenance de l'Asie centrale et qui doit son nom au fait qu'il brillait même dans la nuit. Le pipa est un luth à quatre cordes qui a la forme d'une poire coupée en deux, d'où son appellation française : luth piriforme. C'est un instrument de musique parvenu en Chine aussi par l'Asie centrale, dont on pinçait les cordes à l'époque avec un plectre (à présent avec les ongles) et qui était utilisé dans la musique militaire pour ses sons très sonores et très marqués, convenant bien à des airs martiaux, comme on peut s'en apercevoir en écoutant l'enregistrement du célèbre morceau pour pipa *Embuscades de tous côtés* 十面埋伏 *Shi mian mai fu* ; cette œuvre évoque le moment où Xiang Yu 項羽, le rival du fondateur de la dynastie Han, Liu Bang 劉邦, est assiégé sur une montagne et tombe partout dans des embuscades en essayant de percer l'encerclement.

馬上 ne veut pas dire, comme dans l'expression moderne, « aussitôt », mais « à cheval » : le pipa à cheval de monter nous presse. 沙場 : « terrain sablonneux », car une grande partie de l'Asie centrale est désertique. 君 (seigneur) comme souvent en chinois classique est simplement employé de la même façon que notre pronom « vous » ; de même que 臣 *chen* (vassal) signifie souvent « je ». 莫 est une négation. 征 (expédition militaire) et 戰 (guerre) sont compléments de 回 ; en chinois classique, on a des mots vides, mais en poésie ils sont omis ; en prose, on aurait la préposition 從 *cong* indiquant l'origine : 從征戰回. 幾人 : en chinois moderne, il faudrait un numérateur : 幾個人 *ji ge ren* (combien d'hommes), mais en classique, les numérateurs sont omis à moins qu'ils n'ajoutent au sens : 一樓 *yi lou* (un bâtiment à étages), 一層樓 *yi ceng lou* (un étage).

Ce poème a été écrit sur une mélodie de Liangzhou, région de l'actuelle province du Gansu, ce qui convient bien au thème, les guerres en Asie centrale, et aux objets cités, luth piriforme, jade blanc, vin de raisin, provenant tous de cette partie du monde. Les 詞 *ci* sont des poèmes écrits sur des mélodies ; c'est un genre qui a prévalu sous la dynastie Song.

Chanson de Leang-tcheou

Le beau vin de raisin
    dans la coupe phosphorescente !
J'allai boire, mais le cistre des cavaliers me presse.
Si je tombe, ivre, sur le sable, ne riez pas !
Combien, depuis les temps anciens,
    sont revenus de la guerre ?

(tr. Tchang Fou-jouei)

Air de Leang-Tcheou

Le beau vin de raisin
    dans la tasse de jade lumineux !
J'allai boire, la guitare du cavalier
    me presse de partir.
Ivre, je me fusse étendu sur le champ de sable.
    Il n'y a pas de quoi rire !
Combien, depuis les temps anciens,
    ont pu revenir de la guerre ?

(tr. Lo Ta-kang)

Chanson de Liangchow

Le bon vin de vigne
    dont la coupe brille dans la nuit.
J'en veux boire encore
    mais la cithare me presse de monter à cheval.
Je coucherai ivre sur le champ de bataille,
    n'en riez pas.
Depuis l'ancien temps
    combien reviennent de la guerre ?

(tr. P. Guillermaz)

Chanson de Liang-chou

Beau vin de raisin, coupe de Clarté-nocturne !
J'allais en boire, le cistre des cavaliers m'appelle.
Si je tombe, ivre, sur le sable, ne riez pas !
Depuis le temps, combien sont revenus des guerres ?

(tr. F. Cheng)

A song of Liang-chou

They sing, they drain their cups of jade,
They strum on horseback their guitars.
...Why laugh when they fall asleep drunk on the sand ?
How many soldiers ever come home ?

(tr. Witter Bynner)

贈別
zeng bie
offert/adieu

多情卻似總無情
duo ing que si zong wu qing
beaucoup/sentiment/mais/pareil/toujours/ne pas avoir/sentiment

唯覺尊前笑不成
wei jue zun qian xiao bu cheng
seulement/s'apercevoir/coupe/devant/rire/ne pas/réussir à

蠟燭有心還惜別
la zhu you xin huan xi bie
cire/bougie/avoir/cœur/rendre/regret/dire au revoir

替人垂淚到天明
ti ren chui lei dao tian ming
pour/homme/verser/larme/jusque/ciel/clair

杜牧 Du Mu

J'ai choisi ce poème pour le premier vers : vous éprouvez un sentiment violent, mais vous devez toujours paraître ne pas l'éprouver, 似 signifiant « paraître, être comme, être semblable » ;

vous pouvez aussi comprendre, bien que ce ne soit pas l'interprétation des commentateurs : « éprouver un grand sentiment » et « ne pas en éprouver » se ressemblent toujours. 唯 : seulement. 尊 signifie « respectueux », mais c'est ici pour le caractère 樽 (une coupe pour boire). La bougie a un cœur ; elle répond (還 *huan* : rendre) au chagrin de la séparation (惜別) puisqu'elle verse des larmes jusqu'à l'aube. Ce poème a été écrit par Du Mu en quittant la ville de Yangzhou pour exprimer son chagrin de laisser une courtisane (ou les courtisanes) ; à leur dernière soirée, ils font semblant que c'est une réunion comme une autre, mais ils n'arrivent pas à rire ; et la bougie est une allusion à celle qui ne peut s'empêcher de pleurer toute la nuit.

A une jolie femme

Mon amour pour toi est si fort que je parais insensible.
Devant les coupes pleines, je ne peux plus me réjouir,
Même la bougie s'attriste de notre séparation,
Elle pleure et pleurera jusqu'à la nouvelle aurore !

(tr. Hsu Sung-nien)

Par excès d'émotion nous semblons
    totalement insensibles,
Nous sentons seulement que, devant les coupes d'adieu,
    le sourire n'arrive pas à se former.
La bougie de cire a un cœur,
    elle regrette notre séparation,
Puisque les hommes ne le font pas,
    elle verse des larmes jusqu'au jour.

(tr. G. Margouliès)

Adieux

Passionnée, elle laisse paraître son indifférence,
En s'efforçant de rire devant la coupe, mais en vain !
Même la chandelle a du cœur
    et regrette notre séparation ;
Pour nous, elle fond en larmes jusqu'à l'aube.

(tr. Lo Ta-kang)

Poème d'adieu

Une grande passion ressemble à l'indifférence :
Devant la coupe, nous restons muets, sans sourire.
C'est la bougie qui brûle les affres de l'adieu :
Jusqu'au jour, pour nous, elle verse des larmes.

(tr. F. Cheng)

Parting

How can a deep love seem deep love,
How can it smile, at a farewell feast ?
Even the candle, feeling our sadness,
Weeps, as we do, all night long.

(tr. Witter Bynner)

尋隱者不遇
xun yin-zhe bu yu
chercher/ermite/ne pas/rencontrer

松下問童子
song xia wen tong-zi
pin/sous/interroger/serviteur

言師採藥去
yan shi cai yao qu
dire/maître/cueillir/plantes médicinales/partir

只在此山中
zhi zai ci shan zhong
seulement/être dans/ce/montagne/milieu

雲深不知處
yun shen bu zhi chu
nuage/profond/ne pas/savoir/endroit

賈島 JIA DAO

Ce poème évoque la rencontre manquée avec un ermite. Le pin, comme le bambou et le prunus, sont les amis de l'homme puisqu'ils lui tiennent compagnie en hiver et sont donc devenus des symboles de l'amitié. 童子 est le terme pour le jeune serviteur d'un lettré ou d'un ermite.

藥 désigne les plantes médicinales, les simples comme on disait en français. Le visiteur sait que l'ermite est dans la montagne, mais les nuages cachent la vue et il ne sait pas où il se trouve.

Cette visite à un ermite absent fait penser à celle des héros des Trois Royaumes, Liu Bei 劉備, Guan Yu 關羽 et Zhang Fei 張飛, quand ils vont demander de l'aide à Zhuge Liang 諸葛亮, qui vit en ermite sur une montagne. Celui-ci, les deux premières fois, leur fait dire par son serviteur qu'il est absent et la troisième fois qu'il dort et qu'il faut attendre, car il veut sonder leur sincérité, voir s'ils tiennent vraiment à lui.

C'est un thème fréquent que celui de l'ermite à qui quelqu'un vient rendre visite dans l'espoir d'obtenir la sagesse et qui refuse de le recevoir, car il sait l'inanité de ce genre de conversation.

En cherchant vainement l'ermite

Sous un pin, je demande à un garçon
    où se trouve l'ermite ;
Il me répond : « Le Maître est allé cueillir
    des plantes pharmaceutiques,
Il est dans cette montagne même,
Mais les nuages épais cachent sa trace. »

(tr. Hsu Sung-nien)

Visite à un ermite sans le trouver

Sous le sapin, j'interroge le disciple :
« Le maître est parti chercher des simples,
Par là, au fond de cette montagne.
Nuages épais : on ne sait plus où. »

(tr. F. Cheng)

En quête de l'ermite absent

Sous le sapin, le disciple me répond :
« Le maître est allé cueillir des simples –
Où ? – En ces montagnes,
Les nuages sont si profonds. »

(tr. P. Carré et Z. Bianu)

A note left for an absent recluse

When I questioned your pupil, under a pine-tree,
« My teacher », he answered, « went for herbs,
But toward which corner of the mountain,
How can I tell, through all these clouds ? »

(tr. Witter Bynner)

題崔逸人山亭
ti Cui yi-ren shan ting
calligraphier/(nom de personne)/ermite/mont/pavillon

葉徑深紅蘚
yao jing shen hong xian
simples/sentier/profond/rouge/mousse

山窗滿翠薇
shan chuang man cui wei
montagne/fenêtre/plein/irisé/fougère

羨君花下酒
xian jun hua xia jiu
envier/vous/fleur/sous/vin

蝴蝶夢中飛
hu-die meng zhong fei
papillon/rêve/milieu/voler

錢起 QIAN QI

逸人 : « ermite » (逸 : « se retirer, s'éloigner, vivre dans la retraite »). Nous avons déjà rencontré 藥 : « les plantes médicinales, les simples ». 蘚 : « mousse ». L'adjectif 翠 (bleu-vert irisé) conviendrait mieux à la mousse (mais il y a des lichens rouges), et comme 薇 est une sorte de fougère aux feuilles rouges (新華字典 *dixit*), on peut se demander s'il n'y a pas eu inversion d'adjectifs. 山窗 (fenêtre de montagne) peut être une fenêtre du pavillon qui donne sur les montagnes ou la vue entre deux montagnes dessinant une ouverture, une fenêtre sur le paysage. 羨 (en chinois moderne, 羨慕 *xianmu*) : « envier ».

Au dernier vers, « le papillon qui voltige dans votre rêve » fait évidemment allusion au passage de Zhuang Zi : j'ai rêvé que j'étais un papillon, comment puis-je maintenant savoir si je ne suis pas un papillon qui rêve qu'il est Zhuang Zi ? Descartes évoquait le même problème, mais moins joliment, dans sa première des *Méditations métaphysiques* : je pense que je suis assis dans mon fauteuil près du feu en train d'écrire, mais quand je rêve, je crois aussi de la même façon au personnage que je suis dans mon rêve ; je ne peux donc pas m'appuyer sur ce sentiment de mon existence pour bâtir une connaissance solide.

Dédié à l'ermite Ts'ui

Sentier aux simples, tapis de mousse rouge.
Fenêtre en montagne, regorgeant de verdure...
J'envie ton vin au milieu des fleurs,
Les papillons qui voltigent dans ton rêve.

(tr. F. Cheng)

Inscrit sur le chalet de Ts'ouei l'ermite

Rouge de la mousse au sentier des simples,
Vert de la fougère à la fenêtre du mont.
J'envie ton vin parmi les fleurs,
Les papillons que ton rêve déploie.

(tr. P. Carré et Z. Bianu)

宿建德江
su Jiande jiang
passer la nuit/(nom propre)/fleuve

移舟泊煙渚
yi zhou po yan zhu
déplacer/bateau/amarrer/fumée, brume/îlot

日暮客愁新
ri mu ke chou xin
soleil/crépuscule/voyageur/tristesse/nouveau

野曠天低樹
ye kuang tian di shu
sauvage/vaste/ciel/bas/arbre

江清月近人
jiang qing yue jin ren
fleuve/limpide/lune/proche/homme

孟浩然 MENG HAORAN

Vous devez connaître 宿 (passer la nuit) puisqu'on retrouve ce caractère dans 宿舍 *sushe* (le dortoir, le logement où l'on passe la nuit). 移 (déplacer) se retrouve dans 移居 *yiju* (déménager). 泊 est un caractère fréquent dans les poèmes, car on se déplaçait beaucoup par voie d'eau ; il signifie « amarrer » plutôt qu'« ancrer », car sur les cours d'eau, on attache le plus souvent le bateau à la rive. 江 (fleuve) désigne ici le 錢塘江 Qiantangjiang, fleuve de la province du Zhejiang sur lequel est situé le bourg de Jiande. 渚 : « îlot sablonneux sur un cours d'eau ». 煙 (fumée) signifie aussi « brume ». 日 « soleil », d'où « jour ». 暮 : « crépuscule ». 新 est ici verbe : « renouveler ». Vous avez peut-être éprouvé ce sentiment : certaines personnes vers la tombée du jour se sentent déprimées (il paraît que c'est dû à une variation du magnétisme terrestre à ce moment de la journée), et le pauvre voyageur le ressent d'autant plus qu'il est dépaysé, loin de son foyer.

Quand reverrai-je, hélas, de mon petit village
Fumer la cheminée, et en quelle saison
Reverrai-je le clos de ma pauvre maison,
Qui m'est une province et beaucoup davantage ?

曠野 (la vastitude sauvage) désigne « la campagne environnante ». 低 est verbe : « abaisser » ; le ciel disparaît dans l'obscurité ; seule reste une bande à l'ouest encore éclairée, comme si le ciel s'abaissait vers l'horizon.

Un soir sur le fleuve

La barque avance auprès des îlots
    pleins de brume,
Le soleil se couche,
    le voyageur se sent mélancolique.
Les plaines sont vastes,
    le ciel s'abaisse jusqu'aux arbres,
Le fleuve est brillant,
    la lune semble proche de nous.

(tr. G. Margouliès)

Une nuit sur la rivière à Kien-tö

Près de l'îlot brumeux,
    on met à l'ancre le bateau ;
Au coucher du soleil,
    se renouvelle l'émoi du voyageur.
Immense est la campagne :
    le ciel s'abaisse vers les arbres ;
Limpide est la rivière :
    la lune s'approche des hommes.

(tr. F. Cheng)

Passant la nuit sur le fleuve Chien-te

Dans les brumes, près de l'île, on amarre la barque.
Au crépuscule renaît la tristesse du voyageur.
Plaine immense : le ciel se penche sur les arbres.
Fleuve limpide : la lune s'approche des humains.

(tr. F. Cheng)

Une nuit sur le fleuve à Kien-to

Près de l'îlot de brume notre bateau s'arrête,
Au couchant qui ravive toute mélancolie.
Par cette immensité, le ciel verse sous les arbres.
Sur le fleuve pur, la lune rejoint l'homme.

(tr. P. Carré et Z. Bianu)

A night-mooring on the Chien-tê River

While my little boat moves on its mooring of mist,
And daylight wanes, old memories begin...
How wide the world was,
    how close the trees to heaven,
And how clear in the water
    the nearness of the moon !

(tr. Witter Bynner)

南陵道中

Nanling dao zhong

nom de lieu/route/milieu

南陵水面漫悠悠

Nanling shui mian men you you

nom de lieu/eau/surface/vaste/vaste, qui s'étend au loin

風緊雲輕欲變秋

feng jin yun qing yu bian qiu

vent/pressant/nuage/léger/vouloir/changer/automne

正是客心孤迴處

zheng shi ke xin gu hui chu

vraiment, justement/ceci, ici/voyageur/cœur/solitaire/revenir/endroit

誰家紅袖憑江樓

shei jia Hong xiu ping jiang lou

qui/famille, foyer/rouge/manche/s'appuyer/fleuve/bâtiment

杜牧 Du Mu

Je vous livre ce poème, car il est l'un de ceux que préfère une amie qui étudie aussi le chinois et qui a le sens de la poésie.

Ce quatrain a été écrit par Du Mu en partant

par bateau de Nanling dans la province du Anhui. Le premier couplet décrit l'atmosphère : l'eau s'étend au loin ; le vent souffle assez fort et, comme les nuages sont légers, il les chasse comme s'il voulait chasser l'automne. C'est justement l'endroit d'où le voyageur doit repartir, seul. Le poète indique qu'il regrette de quitter ce lieu simplement en se demandant à qui appartient la manche rouge qui pend à une balustrade au bord du fleuve. Est-ce la manche d'une amante ou quelque autre femme ? Est-ce fortuit ou un geste d'adieu ? Le poète le sait-il ou fait-il exprès de laisser planer l'ambiguïté ? Du Mu était célèbre pour ses aventures amoureuses.

正是 (c'est justement) est resté en chinois moderne ; 客 est ici non pas l'invité, mais le voyageur, celui qui vient de l'extérieur ; 孤 (solitaire) indique qu'il voyage seul ; 迴 avec la clé de la marche signifie « revenir » ; 誰 détermine 家 (quelle famille, quel foyer ?) et ici veut dire « quelle personne », « la manche rouge de quelle personne » ; 憑 : « être contre, s'appuyer sur » ; 江樓 : « le bâtiment à étages le long du fleuve ».

L'idée est la même que la nôtre quand nous disons qu'une femme qui ne laisse voir qu'une partie de ses charmes est encore plus attrayante, car on peut rêver sur le reste ; mais c'est exprimé avec plus d'élégance, avec la touche d'un peintre.

Sur la route de Nanling

La surface de l'eau à Nanling s'étend au loin,
Le vent presse les nuages
    comme pour chasser l'automne.
Voilà le voyageur qui repart solitaire,
Qui sur ce balcon laisse pendre sa manche rouge ?

山行
shan xing
montagne/marcher

遠上寒山石徑斜
yuan shang han shan shi jing xie
loin/sur/froid/montagne/pierre/chemin/pas droit

白雲生處有人家
bai yun sheng chu you ren jia
blanc/nuage/naître/endroit/y avoir/homme/famille, foyer

停車坐愛楓林晚
ting che zuo ai feng lin wan
arrêter/char/s'asseoir/aimer/érable/forêt/soir

霜葉紅于二月花
shuang ye hong yu er yue hua
givre/feuille/rouge/par rapport à/deuxième/mois/fleur

杜牧 DU MU

行 en langue classique peut avoir deux sens, soit « appliquer » (ce qui se retrouve en chinois moderne dans 實行 *shixing*, « appliquer »), soit « marcher » (ce qui se retrouve aussi en chinois moderne dans 行人 *xingren*, « le piéton », ou dans 行, « ça va, c'est OK ! »). 寒山 : ici « montagne froide », et non le nom d'un poète, comme dans un poème donné plus haut. Comment le savoir ? Encore une fois, utilisez votre bon sens et considérez le contexte ! 斜 désigne ce qui n'est pas droit ; d'habitude par rapport à la verticale, tandis que pour l'horizontale, donc dans le sens de « sinueux, méandre », on emploie le mot 曲 ; donc ici je pencherais pour le sens de « chaotique ». 白雲生處, l'endroit où les nuages naissent, donc assez haut dans les montagnes. 車 désigne un véhicule en général ; ni forcément un char (nous ne sommes pas dans *Ben Hur*), ni un carrosse (on se croirait alors dans un roman qui se passe au XVIIe ou au XVIIIe siècle), mais sans doute une simple voiture à cheval ou l'un de ces fauteuils roulants poussés par un domestique qu'utilisaient ceux qui avaient les moyens de se payer un serviteur. 于 est un mot vide, équivalent d'une préposition ; en chinois classique, à la différence du chinois moderne, les prépositions peuvent se mettre après le verbe (retenez-le bien) et 于 peut être équivalent suivant le contexte (encore !) à toute une série de prépositions modernes ; ici, 于 équivaut à 比 *bi* (par rapport à, comparé à), donc en chinois moderne, on traduirait 比二月花紅 (rouge par rapport aux fleurs du deuxième mois, plus rouge que les fleurs du deuxième mois). Il s'agit du deuxième mois lunaire dans le calendrier chinois, donc vers mars dans le nôtre, justement quand des plantes recommencent à fleurir.

Mao Dun, le romancier moderne, a repris ce vers dans le titre d'un de ses romans. 霜 est la gelée blanche, le givre, et vous savez que les feuilles des érables après les premières gelées deviennent rouges. Il paraît qu'il y a de belles forêts d'érables au Canada, mais ni Du Mu, ni moi n'y sommes allés. Et vous ?

Marche dans la montagne

Je gravis le long sentier, contourné et caillouteux, pour atteindre cette montagne déserte,
Les nuages blancs s'élèvent et sous leur manteau floconneux cachent les habitations.

J'arrête mon char, j'adore le crépuscule dans la forêt
des érables ;
Brûlées par le givre et toutes flamboyantes des derniers rayons du soleil, les feuilles sont encore plus rouges que les fleurs de mars.

(tr. Hsu Sung-nien)

Voyage dans les montagnes

Je gravis les lointaines montagnes froides
par un sentier oblique dans les rochers.
A l'endroit où naissent les nuages blancs
il y a une maisonnette.
J'arrête mon char, je m'assieds.
J'aime la forêt d'érables dans le soir.
Les feuilles sous le givre sont plus rouges
que les fleurs du deuxième mois.

(tr. G. Margouliès)

Voyage en montagne

Sentier pierreux serpentant dans la montagne froide.
Là où s'amassent les nuages blancs, une maison...
J'arrête le carrosse et aspire la forêt d'érables au soir.
Feuilles givrées :
plus rouges que les fleurs du printemps !

(tr. F. Cheng)

Promenade en montagne

Toujours plus loin, plus haut,
    sur la montagne froide, sur le sentier pierreux...
Au plus épais des nuées blanches,
    surgit une maison.
Ma voiture à l'arrêt, je contemple, amoureux,
    les bois d'érables à la brune :
Plus rouges, leurs feuilles givrées,
    que ne sont fleurs de mars !

(tr. F. Cheng)

題峰頂寺

ti feng ding si

Ecrit sur un monastère au sommet d'une montagne

夜宿峰頂寺
ye su feng ding si
nuit/passer la nuit/mont/sommet/temple

舉手捫星辰
ju shou men xing-chen
lever/main/caresser/étoiles et planètes

不敢高聲語
bu gan gao sheng yu
ne pas/oser/haut/son/parole

恐驚天上人
kong jing tian shang ren
craindre/surprendre/ciel/sur/homme

李白 LI BAI

Le poète au sommet d'une montagne a l'impression de pouvoir toucher le ciel ; comme il a de l'humour, il ajoute qu'il ne doit pas parler trop fort, de peur de réveiller ceux qui y résident. 題 signifie « écrire », « titre », d'où « écrire le titre » ; après le titre d'un livre chinois, on peut parfois lire « untel » 題 ; ceci veut dire qu'untel a calligraphié le titre pour la couverture afin de faire honneur à l'auteur ; ici le poète a dû calligraphier son poème dans le temple au sommet de cette montagne pour commémorer son passage. 星辰 désigne les corps célestes en général, planètes et étoiles. 語 est verbe (parler), et 高聲 (à haute voix) est ici employé adverbialement pour déterminer 語. 驚 : « surprendre, effrayer, troubler ».

Temple du sommet

Temple du sommet, la nuit :
Lever la main et caresser les étoiles
Mais chut ! baissons la voix :
Ne réveillons pas les habitants du ciel.

(tr. F. Cheng)

Au temple du sommet

La nuit, je loge au temple du sommet.
Ma main caresse les étoiles.
Je n'ose élever la voix
De peur d'éveiller les habitants du ciel.

(tr. P. Carré et Z. Bianu)

The summit temple

To-night I stay at the summit temple.
Here I could pluck the stars with my hand,
I dare not speak aloud in the silence,
For fear of disturbing the dwellers of heaven.

(tr. Obata)

題都城南庄
ti du-cheng nan zhuang
écrit/capitale/sud/village

去年今日此門中
qu-nian jin ri ci men zhong
l'an passé/aujourd'hui/ce/porte/milieu

人面桃花相映紅
ren mian tao hua xiang ying hong
personne/visage/pêcher/fleur/mutuellement/refléter/rouge

人面不知何處去
ren mian bu zhi he chu qu
personne/visage/ne pas/savoir/quel/endroit/partir

桃花依舊笑春風
tao hua yi-jiu xiao chun feng
pêcher/fleur/comme auparavant/sourire/printemps/vent

崔護 Cui Hu

Le poète, en se promenant, passe devant une maison à côté de laquelle pousse un pêcher en fleurs, et il remarque une jeune fille qui lui sourit. L'année suivante à la même époque, il repasse au même endroit ; il cherche la jeune fille et ne voit plus que le pêcher en fleurs. Ensuite il écrivit ce poème.

去年今日 veut dire « l'an dernier aujourd'hui », c'est-à-dire le même jour l'an dernier. 相映 : « se refléter mutuellement, se répondre ». 依舊 (comme auparavant) est une expression qui se retrouve en chinois moderne.

Le poète précise par quoi il associe la jeune fille aux fleurs du pêcher : par le rouge de ses joues ; et au lieu d'écrire que celle-ci lui a souri, il dit que l'année suivante, il n'y a plus que les fleurs de pêcher pour sourire dans la brise printanière. Ces deux petites touches font toute la différence entre un poème et ce qui pourrait aussi être un roman-photo dans un vulgaire magazine pour midinettes.

Ecrit sur une porte au sud de la ville

L'an passé, en ce jour, sous cette porte,
Ses joues et les fleurs de pêcher se reflétèrent,
toutes roses.
Où est le visage ? Je ne sais.
Les fleurs comme jadis, sourient au vent printanier.

(tr. Lo Ta-kang)

Il y a un an, à travers ce portail
    on voyait
Un visage de femme et des fleurs de pêcher
    briller à l'envi ;
Je ne sais où est parti maintenant
    le visage de femme,
Les fleurs de pêcher sourient comme autrefois
    au vent du printemps.

(tr. G. Margouliès)

自君之出矣
zi jun zhi chu yi
depuis/vous/(mot vide)/partir/(mot vide)

自君之出矣
zi jun zhi chu yi
depuis/vous/(mot vide)/partir/(mot vide)

不復理殘機
bu fu li can ji
Ne pas/de nouveau/s'occuper de/abandonné/métier à tisser

思君如滿月
si jun ru man-yue
penser/vous comme/pleine lune

夜夜減清輝
ye ye jian qing hui
nuit/nuit/diminuer/clair/éclat

張九齡 ZHANG JIULING

Ce poème, à la différence des autres, contient plusieurs « mots vides » et sera donc une bonne transition pour passer à l'étude de la prose.

自 peut vouloir dire 自己 (soi-même) ou être une préposition qui indique le point de départ dans le temps ou dans l'espace (comme 自從 *zicong* en chinois moderne) : « depuis ».

之 est ici l'équivalent de 的 en chinois moderne (mais ce n'est pas le seul emploi de ce mot), c'est-à-dire qu'il relie d'ordinaire le complément de nom au déterminé : 我之父 = 我的父親. Mais en chinois classique – et retenez-le bien car c'est un peu déroutant au début – on met 之 entre le sujet et le verbe pour indiquer que la proposition n'est pas indépendante, qu'elle est subordonnée (il s'agit ici d'une proposition temporelle : « depuis que vous êtes parti »), alors qu'on ne met pas 的 dans ce cas en chinois moderne.

矣 est une particule finale qui indique un changement, comme 了 *le* en fin de phrase en chinois moderne : « voici que, maintenant que ».

如 est un autre de ces mots vides, qui, soit introduit une conditionnelle (si), soit indique la similarité (comme, semblable à).

Le reste n'est qu'une question de vocabulaire. 不復 : « pas de nouveau », donc « ne... plus ». 理 : « s'occuper de » (cf. 管理 *guanli* : « s'occuper de, administrer » en chinois moderne). 殘 : « abîmé, en mauvais état » (cf. 殘廢 *canfei* : « infirme » en chinois moderne). 機 désigne n'importe quelle machine ; ici, à cause du contexte, on peut comprendre qu'il s'agit d'un métier à tisser. 滿月 veut dire soit « la pleine lune », soit « un mois complet » puisque 滿 signifie

« plein, complet » et que 月 signifie « la lune » ou la « lunaison », donc le mois dans le calendrier chinois. 滿月 veut aussi dire « la cérémonie un mois après la naissance » (tant qu'un bébé n'avait pas un mois, on n'était pas sûr qu'il allait vivre) ; les parents donnent alors un banquet pour fêter l'événement et les invités apportent des cadeaux ; c'est un peu l'équivalent de notre baptême, mais sans connotation religieuse.

夜 (nuit) répété veut dire « toutes les nuits », comme 年年 *niannian*, « tous les ans », etc. 減 est verbe : « diminuer » ; si vous êtes allée à Hongkong, vous avez dû voir sur des boutiques une étiquette portant 減價 *jianjia* : « prix réduits », ce qui veut dire « soldes ».

Les deux derniers vers sont ambigus : la jeune femme, à force de penser à celui qu'elle aime, est-elle comme la pleine lune qui ensuite diminue, perd de son éclat, de sa beauté (et le monsieur a tort de s'absenter, de ne pas en profiter), ou le fait de penser à lui finira-t-il par se réduire comme la lune et, s'il tarde trop, l'amour diminuera-t-il ? A une époque plus tardive, la première interprétation serait la plus vraisemblable ; mais sous les Tang, les mœurs étant beaucoup plus libres, ce n'est pas évident, et le poète a sans doute voulu laisser planer cette ambiguïté. Je vous laisse choisir.

Depuis que tu es parti

Depuis ton départ, mon bien-aimé,
Mes mains n'ont plus touché à l'ouvrage.
Pensant à toi, je suis comme la pleine lune,
Dont nuit après nuit décroît l'éclat.

(tr. F. Cheng)

Sur le thème « Depuis votre départ »

Depuis votre départ, mon bien-aimé,
J'oublie le soin du métier délaissé.
Je pense à vous, telle la pleine lune
Dont chaque nuit décroît le plein éclat...

(tr. F. Cheng)

春望

chun wang

printemps/regarder

國破山河在
guo po shan he zai
pays/en ruines/montagne/rivière/survivre

城春草木深
cheng chun cao mu shen
cité/printemps/plantes/arbres/épais

感時花濺淚
gan shi hua jian lei
ému par/époque/fleurs/répandre/larmes

恨別鳥驚心
hen bie niao jing xin
haïssant/séparation/oiseaux/effrayé/cœur

烽火連三月
feng-huo lian san yue
braseros d'alerte/à la suite/trois/mois

家書抵万金
jia shu di wan jin
famille/lettre/valoir/dix mille/taëls

白頭搔更短
bai tou sao geng duan
blanc/cheveux/gratter/plus/court

渾欲不勝簪
hun yu bu sheng zan
partout/(futur prochain)/ne pas/l'emporter sur/épingle à cheveux

杜甫 Du Fu

Jusqu'ici, nous n'avons lu que des quatrains, mais ce n'est qu'un des genres les plus fréquents sous les Tang ; un autre est le poème régulier de huit vers, avec ici aussi cinq ou sept mots par vers, dans lequel il faut respecter des règles prosodiques précises, dont je vous fais grâce.

Je ne vous joins pas ce poème pour vous compliquer la vie, mais pour vous organiser au moins une brève rencontre avec Du Fu, qui affectionnait ce genre.

Du Fu a écrit ce poème en 757, alors qu'il était dans la capitale, Chang'an (l'actuelle Xi'an), et séparé de sa famille. A l'époque, Chang'an était sans doute la ville la plus magnifique de la planète, mais elle fut ravagée par la soldatesque d'An Lushan, qui s'était rebellé et avait forcé l'empereur à fuir dans la province du Sichuan. Si vous voulez en savoir plus sur cette histoire, lisez la *Biographie des regrets éternels.*

Dans le premier couplet, le poète oppose la ruine du pays à l'épanouissement du printemps, indifférent à ces troubles. Mais au second couplet, il dit que cette désolation émeut même les fleurs et les oiseaux. Au troisième couplet, il signale que cela fait trois mois que cette guerre civile se poursuit et qu'une lettre de sa famille, dont il est sans nouvelles (elle n'habitait pas Chang'an), vaudrait des lingots d'or. Au dernier couplet, non sans humour, il conclut qu'à force de se gratter la tête tellement il se fait du souci, il perd tous ses cheveux et que bientôt il n'y en aura plus assez pour retenir son épingle à cheveux. En effet, avant les Mandchous, qui imposèrent le port de la natte, les Chinois ramenaient leurs cheveux sur le sommet de la tête en un chignon retenu par une épingle à cheveux.

山河 (montagnes et rivières) désigne le territoire de l'empire. 木 (le bois) désigne les arbres en général. 深 (profond, épais) a ici le sens de florissant. 時 : « le moment » ; 濺 : « répandre (un liquide), mouiller » ; 恨 : « haïr » ; 別 : « la séparation » (cf. l'expression moderne 告別 *gaobie* : « prendre congé »). 烽火 sont les braseros aux postes frontières qui, par la fumée en plein jour et par les flammes pendant la nuit, servaient à signaler une alerte. 連 : « à la suite, se succéder ». Le chinois classique omet les numérateurs, aussi 三月 peut vouloir dire « le troisième mois » ou « trois mois ». 書 peut signifier « écrire », « l'écriture » (la calligraphie), « une lettre » ou « un livre ». 抵 : « atteindre », « être équivalent à » ; 搔 : « gratter » ; 短 ici, d'après le contexte, a le sens d'« épars », de « rare », plutôt que de « court » ; 渾 : « partout », « sur l'ensemble de » ; 欲 comme 要 *yao* en chinois moderne peut signifier « vouloir » ou simplement indiquer le futur prochain ; 勝 : « emporter une victoire ».

Au deuxième couplet, vous pouvez comprendre que les fleurs font verser des larmes au poète, ému par le moment, 濺 ayant un sens factitif (faire répandre), ou que même les fleurs versent des larmes ; de même au vers suivant, que le chant des oiseaux l'effraye ou que même les oiseaux ont un cri effrayé.

On a donc ici l'opposition entre le printemps qui se renouvelle quelles que soient les circonstances, et la vieillesse de l'auteur ; l'opposition aussi entre la destruction du pays et la nature indifférente, qui reste égale à elle-même, mais qui semble se désoler puisque les fleurs semblent pleurer et que les oiseaux semblent crier de frayeur, et enfin l'opposition entre le début tragique du poème et l'humour de la fin avec le vieillard qui perd tous ses cheveux. Si vous voulez lire d'autres poèmes de Du Fu, je vous conseille vivement *A Little Primer of Du Fu* par D. Hawkes, où les poèmes sont expliqués vers par vers ; c'est un bon manuel pour lire de la poésie.

The State may fall, but the hills and streams remain. It is spring in the city : grass and leaves grow thick. The flowers shed tears of grief for the troubled times, and the birds seem startled, as if with the anguish of separation. For three months continuously the beacon-fires have been burning. A letter from home would be worth a fortune. My white hair is getting so scanty from worried scratching that soon there won't be enough to stick my hairpin in !

(tr. D. Hawkes)

Le pays est détruit, mais les paysages demeurent
C'est le printemps, les plantes dans la ville foisonnent.
Emu par le moment, les fleurs m'arrachent des larmes,
Souffrant d'être séparé,
    les oiseaux troublent mon cœur.
Les braseros d'alerte brûlent depuis trois mois,
Une lettre de famille vaudrait des lingots d'or.
Je me gratte la tête, mes cheveux s'éclaircissent,
Au point que mon épingle ne peut les retenir.

Pardonnez la longueur de cette lettre. Puisqu'elle a le ton sentencieux d'un manuel, il me faut conclure en vous donnant des exercices. Après avoir lu ces poèmes, apprenez-en un par cœur chaque semaine et soyez capable de le réciter et de l'écrire. Vous ne vous en repentirez pas.

Quand vous aurez compris ces poèmes, je vous conseille de vous lancer dans l'étude des principaux mots vides ; cela tient en quelques pages, mais il faut chaque fois se rappeler leurs différents emplois possibles, c'est tout. Puis lisez, dans une édition avec explications et traduction, des textes racontant des histoires (les *Mémoires historiques* de Sima Qian sont un bon choix ; les histoires y sont fascinantes et la langue assez simple), puis des textes exprimant des idées : *Meng Zi* (Mencius) vous introduira au chinois classique dans ce qu'il a de plus classique, du point de vue de la langue comme de celui des idées. Ensuite... volez de vos propres ailes.

Il ne me reste plus qu'à vous souhaiter bon courage, en espérant que cette lettre vous sera plus utile qu'un cure-dent à un chat qui vient de manger un poisson. Peut-être vous aurai-je assez occupé l'esprit pour qu'en travaillant ces poèmes vous n'ayez pas eu le loisir de penser à autre chose, car si la pensée ne se fixe pas sur un problème qu'elle est faite pour résoudre, elle bat la campagne et ne cause que souffrance.

Jacques Pimpaneau

Achevé d'imprimer en mai 2006
sur les presses du

Groupe Horizon

Parc d'activités de la plaine de Jouques
200, avenue de Coulin
13420 Gémenos

N° d'impression : 0605-042

Imprimé en France